Übungsreihen für Geistigbehinderte
Heft H 6

Annemarie Joost / Birgitta Keuter

Freiarbeit leicht gemacht

Abwechslungsreiche Materialien für die Vor- und Unterstufe – vielseitig einsetzbar – leicht herzustellen

Übungsreihen für Geistigbehinderte
– Konzepte und Materialien –
Hrsg. Susanne Dank

H: Schwerpunkte der Förderung **Heft H 6**

Annemarie Joost / Birgitta Keuter

Freiarbeit leicht gemacht

Abwechslungsreiche Materialien für die Vor- und Unterstufe – vielseitig einsetzbar – leicht herzustellen

verlag modernes lernen - Dortmund

Veröffentlicht in der Edition:
verlag modernes lernen • Hohe Straße 39 • D-44139 Dortmund

2., verb. Aufl. 2006
Gesamtherstellung: Löer Druck GmbH, Dortmund

Bestell-Nr. 3618

ISBN 3-8080-0594-7
(ISBN 978-3-8080-0594-1)

Inhalt

Vorwort

Schon wieder ein Buch zur Freiarbeit? Ja!

Obwohl wir wissen, dass es schon zahlreiche Bücher zu diesem Bereich gibt, haben wir uns entschlossen, unsere Erfahrungen auf diesem Gebiet und unsere zahlreichen selbst hergestellten Materialien vorzustellen.

Da in den verschiedenen Veröffentlichungen (Übungsreihen für Geistigbehinderte) bereits ausführlich dargestellt wurde, dass Freiarbeit mit Geistigbehinderten durchaus möglich ist, werden wir diesen Bereich nur kurz darstellen und unseren Begriff von Freiarbeit erläutern.

Unsere Schwerpunkte legen wir zum einen auf die Möglichkeit der eigenen Herstellung der Materialien. Diese gewinnt in Anbetracht von knapper werdenden Budgets immer mehr an Bedeutung. Zum anderen sind uns die vielfältigen Einsatzmöglichkeiten sowohl im Hinblick auf die unterschiedlichen Lernvoraussetzungen und Leistungsfähigkeiten der Schüler als auch auf die verschiedenen Lernbereiche wichtig. Dabei beschränken wir uns überwiegend auf die Bereiche Sprache und Rechnen, wobei der pränumerische Bereich eingeschlossen ist. Es werden aber auch einzelne Materialien aus anderen Bereichen vorgestellt. Außerdem werden die verschiedenen Bereiche der Wahrnehmung bei unseren Materialien berücksichtigt und mitgefördert. Zu einigen Freiarbeitsmaterialien – wie z.B. dem Gummispiel – geben wir Bauanleitungen.

Unser Verständnis von Freiarbeit erfordert keine Lernvoraussetzungen der Schüler. Auch das Erlernen der Freiarbeit ist für uns schon Freiarbeit, auch wenn hier noch eine direkte Lehrerbegleitung nötig ist. Diese ergibt sich – wie wir im Folgenden darstellen werden – aus den Freiräumen, die die Freiarbeit für die Lehrer schafft.

1. Einleitung

1.1 Grundlegende Überlegungen zur Freiarbeit

Freiarbeit mit Geistigbehinderten ist natürlich nicht dasselbe wie Freiarbeit mit nichtbehinderten Schülern. Da unsere Schüler meist große Defizite in allen Bereichen haben, muss die Freiarbeit anders gestaltet werden. Dies bedeutet, dass wir der Freiarbeit mit Geistigbehinderten einen erweiterten Freiarbeitsbegriff zugrunde legen.

So können sich Geistigbehinderte z.B. häufig nicht für ein Material entscheiden bzw. sie suchen sich immer wieder das gleiche Material aus. Die Auswahl muss also durch den Lehrer gesteuert werden. Dies ist z.B. anhand der Freiarbeitspläne möglich (s. dort).

Auch können viele Geistigbehinderte nicht oder nur sehr begrenzt selbstständig arbeiten. Das bedeutet, dass diese Schüler vom Lehrer begleitet werden müssen.

Auch können einige Schüler nicht die Selbstkontrolle benutzen oder sie benutzen sie zum „schummeln". Auch hier muss der Lehrer also verstärkt begleiten.

Zudem fällt es einigen Schülern schwer ihre Arbeit selbstständig zu beenden und wieder wegzuräumen. Der Lehrer muss also auch hierbei verstärkt präsent sein.

Trotz all dieser Schwierigkeiten bietet die Freiarbeit den Schülern vielfältige Lern- und Entwicklungsmöglichkeiten und bedeutet auch für den Lehrer, ist sie den Schülern einmal bekannt und vertraut, eine Arbeitserleichterung. Freiarbeit schafft dem Lehrer Freiräume für die intensive Förderung einzelner Schüler. Auch bei Einzelbesetzung in der Klasse hat sich die Freiarbeit bewährt, da nach einiger Zeit der Großteil der Schüler weitgehend selbstständig arbeitet und der Lehrer so die Möglichkeit hat, sich um schwächere Schüler zu kümmern.

1.2 Ziele der Freiarbeit mit Geistigbehinderten

Neben fachlichen Zielen ist das grundlegende Ziel der Freiarbeit, die Schüler umfassend in ihrer Persönlichkeitsentwicklung zu fördern. Dies bezieht sich auf folgende Aspekte:

- Förderung des selbstständigen Arbeitens
- Aufbau, Ausbau und Förderung der Arbeitshaltung
- Förderung der Entscheidungsfähigkeit

- Förderung der Eigenverantwortung, sowie der Verantwortung für Eigentum und Fremdeigentum und des pfleglichen Umgangs mit Materialien
- Wecken des Verständnisses für Zeiteinteilung
- Förderung der realistischen Selbsteinschätzung
- Verbesserung der Kommunikations- und Kooperationsfähigkeiten
- Rücksichtnahme
- Stärkung des Selbstvertrauens

2. Einführung von Freiarbeit in der Vor- und Unterstufe der Schule für Geistigbehinderte

Wie bereits erwähnt, erfordert unser Verständnis von Freiarbeit keine Lernvoraussetzungen der Schüler. Da auch das Erlernen von Freiarbeit für uns schon Freiarbeit ist, kann diese Unterrichtsform also bereits schon in den Eingangsstufen der Schule für Geistigbehinderte eingeführt werden, d.h. schon mit dem ersten Schultag.

Da die Schülerschaft in einer Vorstufenklasse meist sehr heterogen ist, bedeutet dies zu Beginn natürlich einen Kraftakt für die Lehrer.

Günstig ist es zunächst ein Stundenplansymbol „Freiarbeit" einzuführen. Die Freiarbeit sollte zunächst in Doppelbesetzung durchgeführt werden. Zudem sollte man mit sehr kurzen Freiarbeitsphasen anfangen (ca. 10 Min.), da die meisten Schulanfänger noch nicht länger am Tisch sitzen können und noch recht kurze Aufmerksamkeitsspannen haben. Auch sollte der überwiegende Teil der Schüler zunächst am Tisch arbeiten, da die Arbeit auf dem Boden, im Stehen, auf dem Flur etc. erfahrungsgemäß anfangs große Unruhe mit sich bringt (ein bis zwei Schüler können auch anfangs schon an anderen Orten arbeiten). Durch die schrittweise Einführung der Materialien verlagern sich die Arbeitsorte automatisch mehr vom Tisch weg, ohne dass es zu unruhig wird, da einige Materialien z.B. nur auf dem Boden benutzt werden können.

In unserer Klasse haben wir die Freiarbeit folgendermaßen eingeführt:

Unsere Klasse besuchten im ersten Schuljahr 9 Kinder, davon ein schwerstmehrfachbehinderter Junge, ein Autist, ein Kind mit ADHS, sowie ein Kind, das sich auf nichts einlassen wollte und nur Interesse am Zugucken zeigte und ein schwerbehinderter Junge im Rollstuhl.

Um die Arbeitsform Freiarbeit einzuführen setzten wir zunächst einmal alle Schüler, die dies konnten, an den Tisch auf ihren Platz. Die 4 Schüler, die sich schon ansatzweise und kurzfristig mit Material beschäftigen konnten, bekamen Material, dass ihnen bereits aus dem Kindergarten bekannt war (z.B. Knete, Duplo-Steine, Malblätter & Stifte). Die anderen Schüler durften sich frei im Raum bewegen und nach ihren Möglichkeiten spielen oder zugucken. Einer der beiden Lehrer achtete auf diese Schüler, während sich der andere jeweils mit einem Schüler intensiv beschäftigte und mit ihm ein Freiarbeitsmaterial einführte. Da die Schüler zu Beginn natürlich sehr kurze Konzentrationsphasen hatten, konnten alle Schüler im „Freiarbeitsblock" für eine kurze Zeit mit dem Lehrer an einem Freiarbeitsmaterial arbeiten. So hatten wir die Möglichkeit uns mit jedem Schüler intensiv zu beschäftigen und herauszufinden, was sie bereits konnten, wo ihre Interessen lagen und welche Materialien für sie geeignet waren bzw. welche Materialien noch verändert werden mussten. Jeder Schüler, der gearbeitet hatte und sich nicht mehr konzentrieren konnte, durfte sich frei beschäftigen. Nach kurzer Zeit konnte der größte Teil der Schüler für begrenzte Zeit am Tisch sitzen und sich weitgehend selbstständig mit einem Material beschäftigen. Das Material wurde dabei noch vom Lehrer vorgegeben. Dass die Schüler dazu so schnell fähig waren, lag zum großen Teil auch an dem hohen Motivationscharakter dieser Arbeitsform, die Schüler fragten meist schon beim Hineinkommen: „Machen wir heute Freiarbeit?". Zu diesem Zeitpunkt war es möglich, dass wir uns jeder mit einem oder zwei Schülern intensiv befassten, während die anderen alleine arbeiteten. Dabei kam es uns nicht so sehr darauf an, dass die Schüler einen kognitiven Lernzuwachs hatten, sondern dass zunächst erst einmal eine Arbeitshaltung aufgebaut wurde, dass sie es aushielten zu arbeiten, während noch andere Schüler am Tisch saßen und dass sie lernten abzuwarten, bis ein Lehrer Zeit für sie hatte. Zudem war es uns von Beginn an wichtig, darauf zu achten, dass die Schüler mit den Materialien sorgfältig umgingen und sie wieder an den richtigen Platz zurückräumten.

Da ein Teil der Schüler nun für eine begrenzte Zeit mit einem vorgegebenen Material weitgehend selbstständig arbeiten konnte, hatten wir die Möglichkeit nun auch die schwerer behinderten Schüler für längere Zeit in die Freiarbeit einzubinden. So konnte sich der autistische Schüler mit individueller Lehrerzuwendung intensiv mit den Freiarbeitsmaterialien beschäftigen und nach kurzer Zeit auch für begrenzte Zeit alleine arbeiten.

Die beiden schwerer behinderten Schüler, die noch keine Freiarbeit in diesem Sinne durchführen können, konnten in den Freiarbeitszeiten intensive, grundlegende Material- und Umwelterfahrungen machen und erfuhren eine direkte Lehrerzuwendung, die in anderen Unterrichtszeiten so kaum möglich ist. Auch der schwerstmehrfachbehinderte Junge konnte in den Freiarbeitszeiten basale Erfahrungen mit Hilfe von individueller Lehrerzuwendung machen.

Die Schüler befinden sich jetzt im 2. Schuljahr und die Freiarbeit ist ein fester Bestandteil des Stundenplans und wird mittlerweile auch in die verschiedenen Vorhaben miteingebunden. Die Schüler können zum größten Teil für ca. 60 Min. intensiv arbeiten. Sie suchen sich z.T. die Arbeitsmaterialien selbstständig aus und orientieren sich an ihrem Freiarbeitsplan. Für die schwächeren Schüler werden weiterhin spielerische Materialien (s.u.) eingesetzt. In diesen Freiarbeitsphasen haben wir Lehrer mittlerweile große Freiräume, um schwerstbehinderte Schüler intensiv zu fördern und um neue Materialien mit einzelnen Schülern einzuführen.

2.1 Zeitlicher Rahmen

Sinnvoll ist es, direkt im ersten Schuljahr mit Freiarbeit zu beginnen bzw. sie direkt nach den Sommerferien einzuführen, damit die Schüler sofort zu Beginn des Schuljahres einen entsprechend gestalteten Raum vorfinden und eine Umorientierung im Klassenraum nicht nötig ist.

Am Besten ist es Freiarbeit „so oft wie möglich“ durchzuführen, für jeweils einen Unterrichtsblock, wobei man mit sehr kurzen Arbeitsphasen des einzelnen Schülers beginnen sollte (s.o.).

Außerdem setzen wir Freiarbeit nicht nur als eigenes Unterrichtsfach ein, sondern auch in „Leerlaufphasen“, z.B. wenn ein Schüler im Kunstunterricht seine Arbeit früher beendet hat.

2.2 Räumliche Voraussetzungen

Wichtig für die Einführung von Freiarbeit in einer Vor- bzw. Unterstufe ist, dass das Material bereits in den Schränken und Regalen bereit liegt und entsprechend gekennzeichnet ist, wenn die Kinder in die Schule kommen bzw. nach den Ferien. Den Schülern fällt es dann leichter die Raumordnung zu akzeptieren.

Sinnvoll für Freiarbeit sind Schränke und Regale, die mit Symbolen gekennzeichnet werden:

Jedes Material sollte mit einem Symbol versehen werden. Dieses Symbol wird ebenfalls an die Stelle im Regal geklebt, an der dieses Material lagert. Auch für den Freiarbeitsplan erstellt der Lehrer eine Karte mit diesem Symbol. Dies erleichtert den Schülern die Orientierung.

In den Regalen und Schränken sollte nur das Freiarbeitsmaterial lagern, keine Spiele oder Arbeitsmittel, wobei jedes Material einen festen Platz im Schrank hat (gekennzeichnet durch das Symbol). Zudem sollten die Materialen in kindgerechter Höhe verstaut werden, so dass sich die Schüler das Material alleine holen können.

Als Arbeitsplätze dienen neben den Tischen auch Fußböden (evtl. Kissen, Decken oder Teppichfliesen bereithalten!), Korkwände und Flure.

2.3 Lernen mit Bewegung

Sobald die Schüler mit einigen Materialien vertraut sind, können sich die Lernorte vom Tisch weg verlagern, um den Schülern ein Lernen mit Bewegung zu ermöglichen. Neben der Arbeit auf dem Boden, haben sich folgende Möglichkeiten in der Unterrichtspraxis bewährt:

- Arbeiten im Hängetuch (sitzen oder liegen)
- Sitzen auf verschiedenen Kissen, Keilen oder Bällen
- Liegen auf einem Keil oder Rollbrett
- Sitzen auf einer Drehscheibe, Drehstuhl, Kippelhocker
- Arbeiten im Stehen (Pinnwand, Wäscheleine, Tafel, Fenster)

Das Arbeiten in verschiedenen Positionen kommt dem Bewegungsdrang der Schüler entgegen und erhöht so ihre Konzentrationsfähigkeit. Zudem ist das Ausprobieren der verschiedenen Möglichkeiten für die Schüler sehr motivierend; dabei zeigt sich schnell, in welcher Position der einzelne Schüler am besten lernen kann.

Auch zu bemerken ist, dass das Lernen in und mit Bewegung tiefgreifender und effektiver geschieht.

2.4 Materiale Voraussetzungen

2.4.1 Allgemeine Zusammenstellung von Freiarbeitsmaterialien

Um die Einführung von Freiarbeit erfolgreich zu gestalten, ist es sinnvoll, Materialien, die eingesetzt werden sollen, auf folgende Merkmale hin, zu untersuchen:

1. **Materialien, die dem Schüler bereits bekannt sind:** Hierzu zählen besonders Materialien, die der Schüler von sich aus im freien Spiel wählt. Lohnenswert ist es oft aber auch im Kindergarten nachzufragen, welche Materialien der Schüler von dort aus kennt, mit welchen er sich dort bevorzugt beschäftigt hat. Auch eine Zusammenarbeit mit den Eltern kann hilfreich sein.
   Verwendet man in der Freiarbeit Materialien, die dem Schüler vertraut sind, bedeutet dies für den Schüler, dass er sich verstärkt auf das „freie Arbeiten“ konzentrieren kann. Es fällt ihm leichter, ohne direkte Lehrerzuwendung für eine begrenzte Zeit alleine zu arbeiten. In der Einführungsphase von Freiarbeit ist die Verwendung von bekannten Materialien unbedingt erforderlich.
2. **Materialien mit spielerischen Charakter:** Besonders in der Vor- und Unterstufe sind die meisten Schüler noch sehr dem Spiel verhaftet. Ihr Bedürfnis zu spielen steht bei ihnen oft im Vordergrund. Hier gilt das gleiche, wie bei der Verwendung von Materialien, die dem Schüler bereits bekannt sind: Setzt man diese besonders in der Einführungsphase ein, erleichtert dies dem Schüler das „Erlernen“ von Freiarbeit. Zu diesen Materialien zählen z.B.: Puzzle, Bilderlotto, Domino, Angelspiel, Zuordnungsspiele im Bereich Formen und Farben, Knete, Duplo-Steine.

3. **Materialien, die dem Schüler Bewegung erlauben:** Da es in fast allen Klassen eine immer größer werdende Anzahl von Schüler mit einer großen Bewegungsunruhe gibt, empfiehlt es sich, auch Materialien zu verwenden, die dem Schüler Bewegung erlauben. Zwar bringt dies auch Unruhe in die Klasse, doch hat es sich in der Praxis als vorteilhaft erwiesen: Schüler, die ihrem Bewegungsdrang nachkommen können, arbeiten ruhiger, konzentrierter und ausdauernder.
   Zu diesen Materialien zählen z.B. Spiele, die auf dem Boden gespielt werden können. In den folgenden Kapiteln werden wir Materialien vorstellen, die hierfür hergestellt werden können wie z.B. Lotto oder Domino. Auch das Dosendiktat und das Angelspiel erlauben dem Schüler Bewegung.
4. **Materialien mit Selbstkontrolle:** Für viele Schüler ist es wichtig, unmittelbar zu erfahren, dass sie ihre Aufgabe richtig gelöst haben. Um Weiterarbeiten zu können benötigen sie Bestätigung für ihr Handeln. Da hierzu der Lehrer nicht immer in der Lage ist – und es bei der Freiarbeit ja auch nicht soll – ist hier der Einsatz von Materialien mit Selbstkontrolle hilfreich.
   Zu diesen Materialien gehören z.B.: Elektrokasten, Postkarten-Lernspiel, Gummispiel, Zahlenstrahl oder 2er-Puzzle. Die aufgeführten Materialien werden wir im Kapitel 3 vorstellen.
   Allerdings verleitet die Selbstkontrolle manche Schüler zum Pfuschen. Um dies zu verhindern ist anfangs eine verstärkte Lehrerpräsenz notwendig.

2.4.2 Zusammenstellung von Freiarbeitsmaterialen für den einzelnen Schüler

Stelle ich für den einzelnen Schüler Freiarbeitsmaterial zusammen, gilt es zunächst die im vorangegangenen Kapitel aufgeführten Kriterien zu beachten:

- Welche Materialien sind ihm bekannt?
- Benötigt er Materialien mit stark spielerischem Charakter?
- Hat er einen starken Bewegungsdrang?
- Benötigt er Material mit Selbstkontrolle oder verleitet es ihn zum „schummeln"?

Ebenso muss der Leistungsstand des Schülers einbezogen werden. Dies gilt sowohl für die kognitiven Fähigkeiten als auch für das Lern- und Arbeitsverhalten. Dabei gilt es insbesondere folgende Fragen zu beantworten:

- Wie lange kann der Schüler konzentriert arbeiten?
- Kann der Schüler sich zwischen verschiedenen Angeboten entscheiden?
- Bevorzugt der Schüler bestimmte Arbeitstechniken (z.B. zuordnen, sortieren)?

Am Beispiel verdeutlicht kann dies heißen:

- Natalie spielt im freien Spiel meist auf dem Boden. Sie wechselt häufig zwischen den verschiedenen Spielmaterialien. Im Unterricht kann sie sich nur für kurze Zeit auf einen Unterrichtsgegenstand konzentrieren. Für Natalie bedeutet das in Bezug auf Freiarbeit: Sie bekommt zunächst nur ein Freiarbeitsmaterial angeboten, mit dem sie auf dem Boden arbeiten kann. Ergeben sich für den zuständigen Lehrer Freiräume (vgl. Kapitel 2), führt dieser mit ihr neue Freiarbeitsmaterialien ein. Auch kann hier das Arbeiten am Tisch geübt werden.
- Thomas kann sich im freien Spiel sicher zwischen mehreren Materialien entscheiden. Er wählt auch Spiele, die am Tisch gespielt werden. Im Unterricht kann er sich 15 – 20 Minuten konzentrieren. Für Thomas kann dies bedeuten: In der Freiarbeit kann er sich aus 3 – 4 Materialien eines aussuchen. Er arbeitet dabei am Tisch. Die einzelnen Aufgaben haben dabei eine Bearbeitungsdauer bis zu einer Viertelstunde bzw. sogar etwas länger.

Zusammenfassend kann gesagt werden: Nachdem das Leistungsvermögen der Schüler sowohl im Hinblick auf ihre kognitiven Fähigkeiten als auch auf ihr Lern- und Arbeitsverhalten festgestellt wurde, werden Listen erstellt, die festhalten, welche Materialien die einzelnen Schüler selbstständig bearbeiten können.

2.5 Einführung von Freiarbeitsplänen

Unter Berücksichtigung der in Kapitel 2.3.1 dargestellten Leistungsvoraussetzungen der Schüler und im Hinblick darauf, inwieweit die Schüler fähig sind zwischen verschiedenen Materialien zu wählen, werden Freiarbeitspläne erstellt, auf denen die Schüler zwischen 1 bis 4 Materialien wählen können. Die Einführung dieser Freiarbeitspläne geschieht für uns immer parallel. Bewährt hat sich dabei ein Plan, den wir im Folgenden vorstellen werden.

Freiarbeitsplan

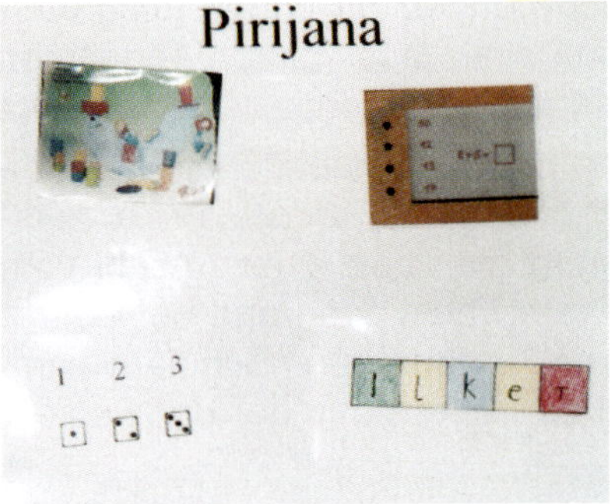

Abb. 1

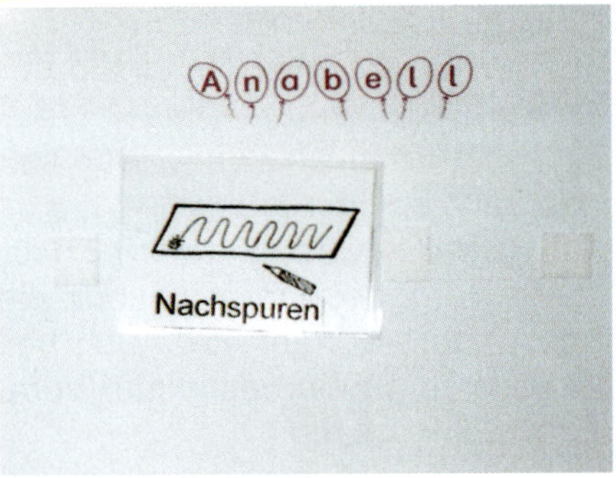

Abb. 2

Materialbeschreibung:
Papier; Laminierfolie; Klettband; Fotos bzw. Symbole der Freiarbeitsmaterialien
Herstellung des Plans: Auf den oberen Rand eines Bogens Papier (ca. 20 x 23 cm) wird der Name des Schülers geschrieben. Das Blatt wird laminiert, anschließend werden 4 Stücke Klettband aufgeklebt (nebeneinander oder je zwei untereinander).
Herstellung der Freiarbeitskarten: Die Materialien werden fotografiert bzw. geeignete Symbole werden ausgewählt **oder** die Verpackungsdeckel der Materialien werden auf eine Größe von ca. 7 x 5 cm gescannt. Alle Karten werden laminiert und ebenfalls mit Klettband beklebt.
Je nach den Fähigkeiten der Schüler werden 1 – 4 Karten auf dem Plan befestigt. Der Plan wird in der Klasse aufgehängt.
Gescannte bzw. fotografierte Freiarbeitskarten sind besonders für Schüler geeignet, die noch keine Symbole lesen können. Allerdings hat sich gezeigt, dass fast alle Schüler die entsprechenden Symbole erkennen können, wenn diese konsequent eingesetzt werden, d.h. das Symbol existiert nicht nur als Karte für den Plan, sondern auch das Material und der entsprechende Platz im Schrank sind mit dem Symbol gekennzeichnet.

Sonderpädagogischer Hinweis:
In vielen Beschreibungen von Freiarbeitsplänen wird dem Schüler grundsätzlich immer die Möglichkeit eröffnet, zwischen mindestens 2 Angeboten zu wählen. Unserer Ansicht nach gibt es jedoch auch Schüler, die hiermit überfordert sind. Für diese Schüler kann es zunächst von (größerer) Bedeutung sein, die anderen „Kriterien“ von Freiarbeit zu erlernen (besonders: einer Arbeit nachgehen und diese zu Ende führen). Es ist möglich, dass sie mit der Wahl zwischen verschiedenen Angeboten (noch)

überfordert sind. Auch ist zu bedenken, dass Schüler mit autistischen Verhaltensweisen (in der Regel) große Schwierigkeiten haben, eine Auswahl zu treffen. Auch hier kann die Vorgabe eines bestimmten Angebotes hilfreich sein.

Zunächst kann es von Vorteil sein, wenn die zu bearbeitende Aufgabe vom Lehrer vorgegeben und die entsprechende Karte an den Freiarbeitsplan geheftet wird. Stärkere Schüler können evtl. aus einer Anzahl vom Lehrer vorgegebener Aufgaben eine frei auswählen, während der Lehrer eine weitere vorgibt etc. Auch bei „freiarbeitserfahrenen" Schülern kann es nötig sein eine bestimmte Vorauswahl zu treffen, aus der der Schüler dann wählen kann.

Wochenplan

Als Ergänzung möchten wir an dieser Stelle auch kurz den **„Wochenplan"** vorstellen. Die Herstellung ist gleich der des vorgestellten Freiarbeitplanes. Im Gegensatz zu diesem erhält der Schüler hier jedoch für jeden Tag eine Aufgabe (bzw. für festgelegte Tage der Woche).

Vorteil des Wochenplanes ist es, dass der Schüler sich mit dessen Hilfe die Woche strukturieren kann und er auch erfährt, dass es an jedem (bzw. einigen) Tagen festgesetzte Aufgaben gibt.

Unsere Ansicht nach weist der Wochenplan aber besonders bei jüngeren Schülern auch Nachteile auf: Der Zeitrahmen von einer Woche ist für sie meistens noch nicht überschaubar. Ebenso bedeutet die Arbeit mit dem Wochenplan eine relativ große Festlegung auf die Unterrichtsinhalte und engt den Lehrer somit in seiner Flexibilität ein.

Gerade der Alltag an einer Schule für Geistigbehinderte ist durch häufige „Stundenplanänderungen" gekennzeichnet, z.B. durch das Verhalten eines Schülers an diesem Tag, durch Krankheit des Teamkollegen etc. Daher ist der Wochenplan bei jüngeren Schülern noch nicht unbedingt zu empfehlen, besonders da die Schüler oft „komisch" reagieren, wenn für diesen Tag etwas festgelegt war und plötzlich geändert werden muss.

3. Freiarbeitsmaterialien

3.1 Umgang mit Mengen, Zahlen und Größen

Pränumerischer Bereich: Formwahrnehmung

Arbeitsblätter zur Formdifferenzierung

Abb. 3

Materialbeschreibung:
Arbeitsblätter; Formen (Kreis, Dreieck, Quadrat, Rechteck) aus dicker Pappe oder Moosgummi bzw. logische Blöcke
Arbeitsblätter herstellen: Am oberen Rand des Arbeitsblattes wird eine Form (z.B. Kreis) groß aufgezeichnet. Auf der übrigen Fläche des Arbeitsblattes sind 6 Formumrisse (hier: des Kreises) aufgezeichnet. Die Arbeitsblätter werden laminiert.

Ziel: Förderung der visuellen Formdifferenzierung

Benutzung durch den Schüler:
Die Schüler legen die Formen (hier z.B. Kreise) auf die Arbeitsblätter.

Differenzierungsmöglichkeiten:

- die Schüler erhalten 2 Arbeitsblätter mit zwei verschieden Formen
- die Schüler erhalten Arbeitsblätter, auf denen je 2-4 verschiedene Formen abgebildet sind
- die Anzahl der vorgegebenen auszulegenden Formumrisse lässt sich variieren

Sonderpädagogischer Hinweis:
Dieses Material ist für Schüler gedacht, bei denen eine Formwahrnehmung angebahnt wird. Zwar gibt es hierzu vielfältiges, zu kaufendes Material, doch sind die hier vorgestellten Arbeitsblätter deutlicher strukturiert und somit besonders für schwächere Schüler besser geeignet.

Anmerkungen:
Mit Hilfe der Schulfonts-Schriftart „Mathe Euklid“ lassen sich die Arbeitsblätter leicht herstellen.

Arbeitsblätter zur Form- und Farbwahrnehmung

Abb. 4

Materialbeschreibung:

Arbeitsblätter; Stifte

Arbeitsblätter mit einfachen Zeichnungen (klar erkennbare Umrisse) werden gemalt oder mit dem Computer erstellt. Teile der Zeichnungen, die mit derselben Farbe ausgemalt werden sollen, erhalten je die gleiche Form (wird in den auszumalenden Teil hineingezeichnet). Am unteren Rand des Blattes wird gekennzeichnet, welche Form mit welcher Farbe ausgemalt werden soll.

Ziel:

Förderung der Form- und Farbwahrnehmung

Benutzung durch den Schüler:

Die Schüler malen die Arbeitsblätter aus. Dabei wählen sie entsprechend der Vorgabe die Farben nach den vorgegebenen Formen.

Differenzierungsmöglichkeiten:

- es können Arbeitsblätter mit einer Mengen-Farbzuordnung erstellt werden (z.B. 1 Punkt = rot, 2 Punkte = grün)
- es können Arbeitsblätter mit einer Zahl-Mengen-Zuordnung erstellt werden

Sonderpädagogischer Hinweis:

Bei dieser Form der Arbeitsblätter üben die Schüler auch die Stifthaltung und das Einhalten von Grenzen beim Malen.

Anmerkungen:

Ausmalbilder findet man auch im Internet über Google, www.familie-hauenstein.de

Formen legen

Abb. 5

Materialbeschreibung:
Arbeitsblätter, logische Blöcke
Auf Blätter die Umrisse der Formen aufzeichnen, evtl. laminieren oder in Klarsichthüllen stecken.

Ziel:
Formwahrnehmung

Benutzung durch die Schüler:
Die Schüler legen die verschiedenen Formen auf die entsprechenden Umrisse auf den Arbeitsblättern.

Differenzierungsmöglichkeiten:

- die Schüler erhalten Arbeitsblätter mit verschiedenen Umrisszeichnungen
- die Schüler erhalten Arbeitsblätter mit verschiedensten Silhouetten, müssen aber nur eine Kategorie erkennen und nachlegen (z.B. verschiedene Lebensmittel, nur Obst muss mit der entsprechenden Form belegt werden) → Kategorien bilden (die zu erkennende Kategorie wird oben auf dem Arbeitsblatt angegeben)
- die Schüler erhalten Arbeitsblätter mit Formen in verschiedenen Farben → Farbwahrnehmung
- die Schüler legen Kategorien nach (vorgegeben durch die Auswahl der Formen)
- es können auch Zahlen oder Buchstaben nachgelegt werden

Sonderpädagogische Hinweise:
Gleichzeitige Schulung der Auge-Hand-Koordination, der Figur-Grund-Wahrnehmung und der visuellen Diskriminierung.

Anmerkungen:
Mit Hilfe von logischen Blöcken, Teilen des Hämmerchen-Spiels und Steckpuzzles lassen sich die Arbeitsblätter sehr einfach herstellen.
Beim Nachlegen von Zahlen und Buchstaben eignet sich auch Knete.

Sortierkasten

Abb. 6

Materialbeschreibung:
Schraubensortierkasten oder Kleinteilemagazin; Knöpfe, Perlen, kleine logische Blöcke etc..
Kleine Karten, die in die Fächer des Sortierkastens passen, zu verschiedenen Kategorien vorbereiten.

Ziele:
Form-, Farb- und Größenwahrnehmung

Benutzung durch die Schüler:
Die Schüler legen das jeweilige Material in die entsprechenden Fächer des Kastens (z.B. gelbe Perlen in das Fach mit der gelben Karte; große Knöpfe in das Fach mit dem Symbol für groß; Dreiecke in das Fach mit der Karte, die ein Dreieck zeigt, etc.).

Differenzierungsmöglichkeiten:

- die Schüler sortieren nach einem Merkmal
- die Schüler sortieren nach zwei, drei oder mehr Merkmalen (z.B. Größe und Farbe)
- im Bereich UMZG ordnen die Schüler die entsprechende Menge der Zahl zu
- im Bereich Lesen : optische Diskriminierung von Buchstaben (Groß- und Kleinbuchstaben); Anlautbild – Buchstabe

Sonderpädagogische Hinweise:
Gleichzeitige Schulung der Feinmotorik und der Auge-Hand-Koordination

Anmerkungen:
Statt eines Kleinteilemagazins kann man auch Eierkartons verwenden, in die die verschiedenen Merkmale, nach denen sortiert werden soll, direkt hineingemalt oder geklebt werden.

Zuordnungsspiel „vorne – hinten“

Abb. 7

Materialbeschreibung:
Fotos von verschiedenen Gegenständen; eventuell Pappe oder Holzscheiben
Die Gegenstände werden von vorne und von hinten fotografiert. Die Fotos werden laminiert, bzw. auf Pappe oder Holz geklebt.

Ziele:
Wahrnehmungskonstanz im visuellen Bereich
Förderung der Raumordnungsbegriffe

Benutzung durch die Schüler:
Die Fotos werden auf dem Tisch, Boden verteilt. Die Schüler sortieren die Fotos zu Paaren.

Differenzierungsmöglichkeiten:
- die Anzahl der Fotopaare kann variiert werden
- die Gegenstände können auch von oben und unten, bzw. von der Seite fotografiert werden
- das Spiel kann als Memory gespielt werden

Sonderpädagogische Hinweise:
Klebt man die Fotos auf Holzscheiben wird das Material stabiler und ist für die Schüler leichter zu benutzen. Auch eignet es sich so als Bodenspiel und lässt sich gut bei Schülern einsetzen, denen es noch schwer fällt, am Tisch zu arbeiten.

Anmerkung:
Reststücke aus Holz bekommt man in den meisten Baumärkten sehr preisgünstig. Die kleinste Größe, in die das Holz dort (meist kostenlos) geschnitten wird, beträgt 10 x 10 cm.

Nachlegespiel

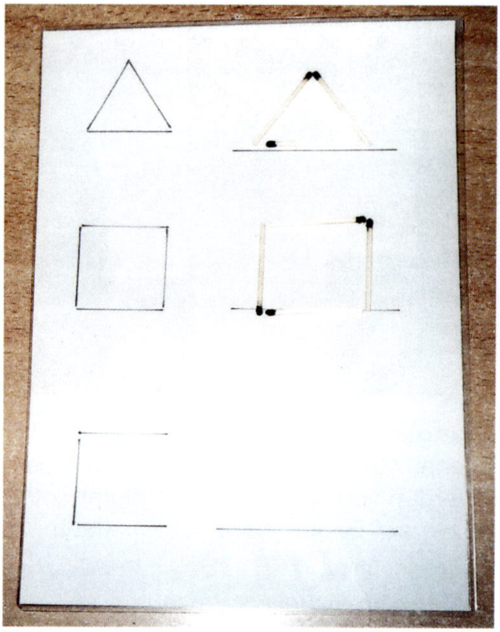

Abb. 8

Materialbeschreibung:
Arbeitsblätter; Streichhölzer
Auf Papierbogen werden verschiedene Formen gelegt, die sich aus Geraden zusammensetzen, deren jeweilige Länge der eines Streichholzes (ca. 4,3 cm) entspricht. Die Blätter werden laminiert.

Ziele:
Raum-Lage-Wahrnehmung
Förderung der Raumordnungsbegriffe

Benutzung durch die Schüler:
Die Schüler legen die Formen mit Streichhölzern nach (zunächst auf die vorgegebene Form, danach frei neben die vorgegeben Form).

Differenzierungsmöglichkeiten:
Differenzierungsmöglichkeiten liegen in der verschiedenen Anzahl von Geraden, die verwendet werden können.

Sonderpädagogische Hinweise:
Gleichzeitige Förderung der Feinmotorik (Pinzettengriff), sowie der Auge-Hand-Koordination.

Reihenbildung

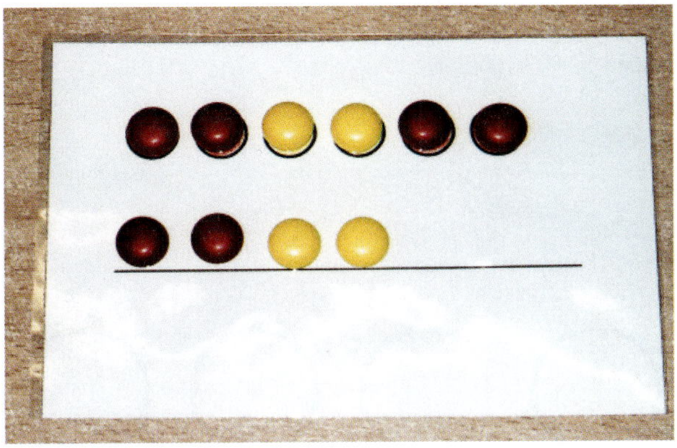

Abb. 9

Materialbeschreibung:
Arbeitsblätter; Muggelsteine
Auf Blättern werden verschiedene Reihen mit farblich unterschiedlichen Kreisen aufgemalt. Dabei entspricht die Größe eines Kreises, der eines Muggelsteines. Unter die einzelnen Reihen (Abstand ca. 4 cm) wird jeweils in der Länge der Reihe ein Strich gezogen. Die Blätter werden laminiert.

Ziele:
Reihenbildung
Förderung der Farbwahrnehmung

Benutzung durch die Schüler:
Die Schüler legen die Muggelsteine zunächst auf die vorgegebene Reihe, danach auf die aufgezeichnete Linie.

Differenzierungsmöglichkeiten:
- die Anzahl der verwendeten Kreise kann variiert werden
- die Anzahl der verwendeten Farben kann variiert werden
- die Schüler legen die Steine direkt auf die Linie und nicht mehr auf die vorgegebene Reihe
- es können mehrere Reihen unter- bzw. nebeneinander aufgezeichnet werden
- statt Reihen können auch Muster vorgegeben werden; diese können wiederum in Anzahl der Kreise und der Farben variiert werden

Sonderpädagogischer Hinweis:
Gleichzeitige Schulung der Farbwahrnehmung, sowie der Feinmotorik.

Anmerkungen:
Mit Hilfe der Schulfonts-Schriftarten lassen sich die Arbeitsblätter in der Schriftart „Mathe Euklid“ (Schriftgröße 90) einfach herstellen.
Beispiel s. unten.

Menge-Zahl-Karten

Abb. 10

Materialbeschreibung:
Menge-Zahl-Karten im Bereich 1-6; Materialien der Mengen, die auf den Karten abgebildet sind (Luftballons, Muggelsteine u.ä.)
Karten herstellen und laminieren. Dabei kommt auf den oberen Teil der Karten das Material, das geholt werden soll, auf den unteren die Zahl, wie oft es geholt werden soll.

Ziel:
Menge-Zahl-Zuordnung

Benutzung durch die Schüler:
Die Schüler erhalten Karten (bis zu 3 pro „Runde") und holen die jeweils abgebildeten Materialien in der angegebenen Anzahl.

Differenzierungsmöglichkeiten:

- die Anzahl der Mengen kann erweitert werden
- anstelle einer Menge-Zahl-Zuordnung kann Zuordnung Menge-Menge erfolgen

Sonderpädagogische Hinweise:
Dieses Material ist besonders für Schüler mit einem großen Bewegungsdrang geeignet.

Bei den gewählten Materialien ist darauf zu achten, dass diese nicht zu groß sind, da sonst die Arbeitstische der Schüler schnell zu voll und somit unübersichtlich werden. Geeignet sind Materialien wie Löffel, Pinsel, Muggelsteine, Luftballons, kleine Spielzeugautos, Bausteine u.ä.
Beispiel s. nächste Seite (Schulfont-Schriftart „Anlaut").

 6	 2	 1	 5
 1	 4	 2	 3
 5	 3	 4	 1

Arbeitskarten zur Mengenbildung

Abb. 11

Materialbeschreibung:
Arbeitskarten mit Arbeitsaufträgen; Materialien, die zur Ausführung der Aufträge notwendig sind; Arbeitskarten mit Zahlen, 2 kleine Säckchen. Karten herstellen und laminieren, jeweils in ein Säckchen legen.

Ziel:
Mengenbildung

Benutzung durch die Schüler:
Die Schüler ziehen je eine Auftragskarte und eine Zahlenkarte. Sie erlesen den Auftrag und führen ihn sooft auf, wie die Zahl es auf der Zahlenkarte angibt.

Differenzierungsmöglichkeiten:
- die Anzahl der Mengen kann erweitert werden

Sonderpädagogische Hinweise:
Als Arbeitsaufträge eignen sich Tätigkeiten wie Springen, Klatschen, mit einer Glocke läuten, mit Bausteinen bauen u.ä. Hierdurch erfahren die Schüler die Menge sowohl über die Bewegung als auch über die verschiedenen Sinneskanäle.
Dieses Material ist somit auch besonders für Schüler mit einem großen Bewegungsdrang geeignet.
Beispiel s. nächste Seite (aus: „Boardmaker").

klatschen

fangen

springen

klopfen

läuten

bauen

Angelspiel

Abb. 12

Materialbeschreibung:

Angelspiel; Zahlenkarten (im Bereich 1-6); Mengenkarten mit 4 verschiedenen Mengenabbildungen im Bereich 1-6; große Magnettafel (Wandtafel); Magnetband

Die verschiedenen Karten werden hergestellt und laminiert, auf der Rückseite wird Magnetband befestigt.

„Zahlenkarten" herstellen: oben steht die Zahl, darunter 4 leere Kästchen in der Größe der Mengenkarten, die geangelt werden. Die Zahlenkarten werden an der Magnettafel aufgehangen.

„Mengenkarten" herstellen: pro Zahl gibt es je 4 Mengenkärtchen, die jeweils andere Abbildungen zeigen (Finger, Würfelbilder, Äpfel u.ä.). Die Mengenkärtchen werden in das „Aquarium" gelegt.

Ziel:

Menge-Zahl-Zuordnung

Benutzung durch die Schüler:

Die Karten, auf denen die verschiedenen Mengen abgebildet sind, werden in den Kasten des Angelspieles gelegt. Die Schüler angeln nach den Karten und hängen sie zu den entsprechenden Zahlenkarten.

Differenzierungsmöglichkeiten:

- dieses Spiel kann sowohl einzeln als auch in der Gruppe gespielt werden

- die Anzahl der Mengen kann variiert werden, ebenso bis in den Zahlenbereich „10“ (oder größer) erweitert werden
- für schwächere Schüler ist zunächst auch eine Menge-Menge-Zuordnung möglich
- das Spiel ist auch für den pränumerischen Bereich geeignet (Formen, Farben, Kategorien)

Sonderpädagogische Hinweise:
Die Vorgabe der Rahmen auf den Zahlenkarten ermöglicht eine (eingeschränkte) Selbstkontrolle: sind alle Kästchen voll, ist die Aufgabe richtig erledigt.
Das Spielen mit einem Partner oder in der Gruppe fördert zusätzlich soziale Kompetenzen wie Rücksichtnahme, Warten-Können, Abwechseln.

Dieses Freiarbeitsmaterial besitzt durch seinen spielerischen Charakter einen hohen Aufforderungscharakter und wird von den Schülern sehr gerne gespielt. Da die Schüler sich bei diesem Spiel bewegen müssen (sie verlassen nach dem Angeln ihren Platz um die geangelte Karte aufzuhängen), ist es auch besonders für unruhige Schüler geeignet.

Anmerkungen:
Mit Hilfe der Schulfonts-Schriftart „Domino“ lassen sich die Karten mit den Mengenabbildungen einfach herstellen.
Auch das Angelspiel lässt sich mit einem Schuhkarton und einer Angel aus Stock, Schnur und Magnet preisgünstig selber herstellen.

Zahlensuchen

Abb. 13

Materialbeschreibung:
Verschiedenen Zahlenkarten, Laminierfolien
Mit Hilfe von verschiedenen Clipart- und Schreibprogrammen werden Zahlen im Bereich 1-6 ausgedruckt (Größe ca. 6x6 cm) und laminiert.

Ziele:
Visuelle Wahrnehmung der Zahlenbilder
Zahl Zahl Zuordnung

Benutzung durch die Schüler:
Die Zahlenkarten werden in der Klasse vom Lehrer versteckt. Die Schüler suchen die Zahlen und ordnen sie.

Differenzierungsmöglichkeiten:
- die Anzahl der Zahlenkarten kann variiert werden
- der Zahlenbereich kann differenziert werden
- das Spiel kann auch im pränumerischen Bereich verwendet werden (Farben, Formen)

Sonderpädagogischer Hinweis:
Das Spiel ist besonders für bewegungsunruhige Schüler geeignet.
Das Spiel kann auch im Bereich „Lesen“ verwendet werden (Symbollesen; Buchstabenkarten).

2er-Puzzle

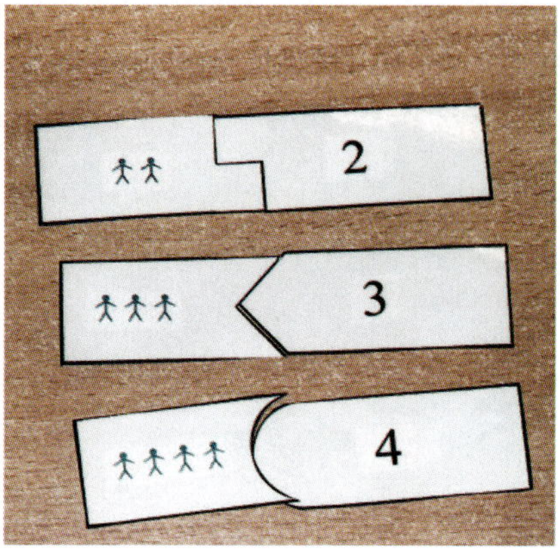

Abb. 14

Materialbeschreibung:
Je zwei zusammenpassende Puzzleteile, auf dem jeweils einmal eine Zahl und einmal die entsprechende Menge abgebildet ist (Zahlenbereich 1-6); Moosgummi
Die Puzzleteile herstellen, laminieren und auf der Rückseite mit Moosgummi bekleben, damit sie nicht verrutschen.

Ziel:
Menge-Zahl-Zuordnung

Benutzung durch die Schüler:
Die Schüler ordnen die Puzzleteile einander zu.

Differenzierungsmöglichkeiten:
- es ist möglich die Zuordnung auf den Bereich bis 10 zu erweitern
- anstelle einer Menge-Zahl-Zuordnung kann auch eine Menge-Menge-Zuordnung erfolgen
- ebenso kann ein Puzzle aus dem pränumerischen Bereich (Farben, Formen, Kategorien) erstellt werden

Sonderpädagogische Hinweise:
Gleichzeitige Schulung der Formwahrnehmung.
Selbstkontrolle durch die verschiedenen Puzzleformen.

Anmerkungen:
Mit Hilfe der Schulfonts-Schriftarten lassen sich die Arbeitsblätter in der Schriftart „Keys“ einfach herstellen.

Zahlenstrahl

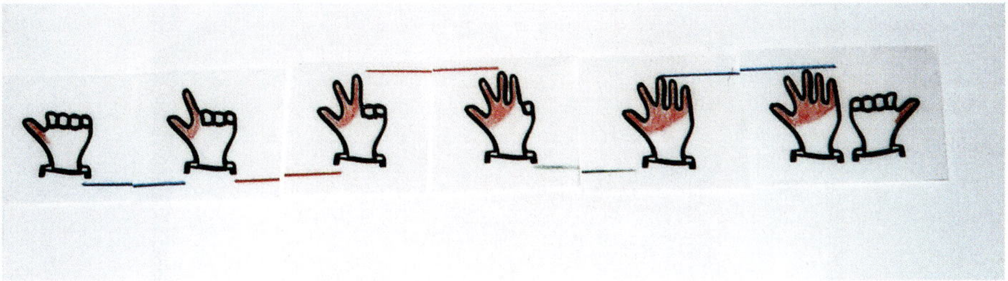

Abb. 15

Materialbeschreibung:
Arbeitsblätter; Karten mit Mengenabbildungen
Arbeitsblätter mit dem Zahlenstrahl (1-6) herstellen, laminieren und mit Moosgummi bekleben, damit sie auf den Arbeitstischen nicht verrutschen. Ebenso Karten mit verschiedenen Mengenabbildungen herstellen. Diese Karten werden wechselweise oben und unten neben der Mengenabbildung zum Rand hin so mit verschiedenfarbigen Strichen versehen, dass beim richtigen Legen der Karten die Striche (einmal der linke, einmal der rechte) sowohl farblich als auch räumlich (oben, unten) übereinstimmen (s. Abbildung).

Ziel:
Menge-Zahl-Zuordnung

Benutzung durch die Schüler:
Die Schüler ordnen die Karten mit den Mengenabbildungen den Zahlen auf dem Zahlenstrahl zu.

Differenzierungsmöglichkeiten:
- den Zahlenstrahl auf den Zahlenbereich bis 10 erweitern
- statt einer Menge-Zahl-Zuordnung kann auch hier eine Menge-Menge-Zuordnung erfolgen

Sonderpädagogische Hinweise:
Durch die Kennzeichnung der Karten mit verschiedenfarbigen Strichen ist eine Selbstkontrolle möglich.

Anmerkungen:
Mit Hilfe der Schulfonts-Schriftarten lassen sich die Arbeitsblätter in der Schriftart „Domino“ (Schriftgröße 90) einfach herstellen.

Stempelrechnen

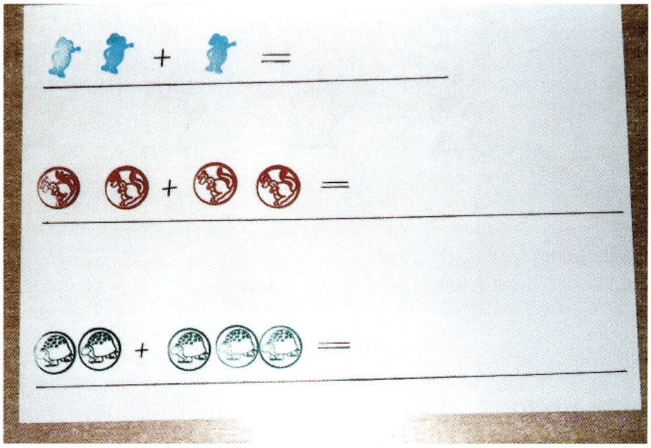

Abb. 16

Materialbeschreibung:
Arbeitsblätter mit Rechenaufgaben (statt mit Zahlen mit Mengen); Lösungsblätter aus transparenter Folie; Stempel
Bei dieser Form des Rechnens werden Mengen zusammengezählt. Die Aufgaben werden auf Blätter gestempelt. Auf die Lösungsblätter werden die Lösungen in Form von leeren Kreisen aufgemalt.

Ziel:
Entwicklung des Verständnisses für die Addition

Benutzung durch die Schüler:
Die Schüler erhalten ein Arbeitsblatt mit Rechenaufgaben (mit Mengen) und stempeln die Lösung. Die Schüler legen die Lösungsblätter auf ihr Arbeitsblatt. Dabei vergleichen sie, ob die Menge, die sie gestempelt haben, mit den Kreisen auf dem Lösungsblatt übereinstimmt.

Differenzierungsmöglichkeiten:
- Rechenaufgaben mit Zahlen: die Schüler stempeln das Ergebnis
- Rechenaufgaben mit Mengen (s.o.): die Schüler schreiben zu den Mengen die Zahlen
- Zur Anbahnung des Mengenverständnisses: Arbeitsblatt mit Zahl, die Schüler stempeln die Menge dazu

Sonderpädagogische Hinweise:
Für bewegungsunruhige Schüler können Zettel mit Zahlen in der Klasse versteckt werden. Die Schüler suchen einen Zettel, merken sich die Zahl und stempeln an ihrem Arbeitsplatz die entsprechende Menge.

Anmerkungen:
Die Herstellung der Arbeitsblätter ist relativ zeitaufwendig, da alle Aufgaben einzeln gestempelt werden müssen. Der Einsatz dieses Materials hat jedoch gezeigt, dass die Schüler sehr motiviert sind, mit diesen Arbeitsblättern zu arbeiten. Um Zeit zu sparen kann man die einzelnen Arbeitsblätter kopieren, wobei dann jedoch die Farbigkeit der Arbeitsblätter (hoher Motivationswert) wegfällt.

Arbeitsblätter zur Mengenbildung

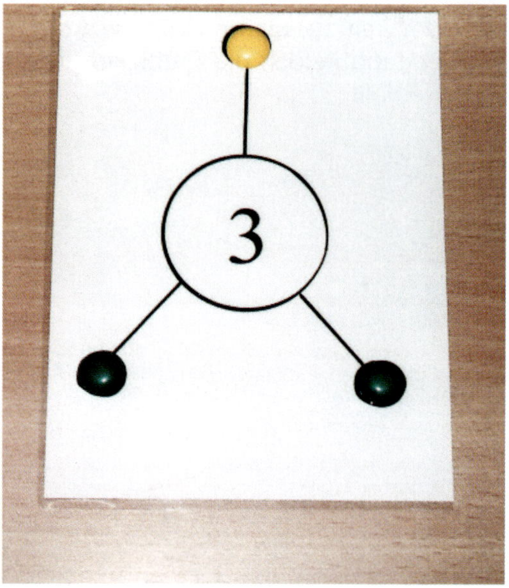

Abb. 17

Materialbeschreibung:
Arbeitsblätter; Muggel- oder Glassteine
Arbeitsblätter herstellen: in der Mitte des Arbeitsblattes steht die jeweilige Zahl, z.B. eine „4“ (eingekreist). Von ihr gehen 4 „Arme“ aus, an deren Ende sich wiederum 4 Kreise befinden.
Die Arbeitsblätter werden laminiert.

Ziel:
Entwicklung des Mengenverständnisses

Benutzung durch die Schüler:
Die Schüler legen Muggelsteine (Glassteine) auf die Arbeitsblätter (in die leeren Kreise).

Sonderpädagogische Hinweise:
Dieses Material ist für Schüler gedacht, bei denen eine Menge-Zahl-Zuordnung angebahnt werden soll.

Anmerkungen:
Mit Hilfe der Schulfonts-Schriftart „Mathe Euklid“ (Schriftgröße 90) lassen sich die Arbeitsblätter für die handelsüblichen Muggelsteine leicht herstellen.

Steckerkiste

Abb. 18

Materialbeschreibung:
Steckerkiste (Bauanleitung s. Kapitel 4), Arbeitskarten, 4 Stecker

Ziele:
Entsprechend der Arbeitskarten in den Bereichen Menge & Zahl, Pränumerik etc.

Benutzung durch die Schüler:
Die Schüler bestücken alle vier Löcher der Kiste mit Stiften und ziehen dann den Stecker aus dem Loch neben der gewählten Lösung heraus. Lässt sich die Karte aus der Kiste schieben, ist die Lösung richtig.

Differenzierungsmöglichkeiten:
Es kann je nach Können der Schüler vielfältig differenziert werden: z.B. Mengenzuordnung; Menge-Zahl-Zuordnung; Rechenaufgaben etc.

Sonderpädagogische Hinweise:
Gleichzeitige Schulung der Auge-Hand-Koordination

Anmerkungen:
Ein ähnliches Medium wie die Steckerkiste ist als käufliches Freiarbeitsmaterial unter dem Namen Stöpselkasten bekannt. Die Steckerkiste funktioniert im Unterschied zum Stöpselkasten aber so, dass in jedem Loch ein Holzdübel oder ein Holzstecker steckt und der Stecker, der neben der

richtigen Antwort steckt, herausgezogen wird. Dieses Material ist sehr einfach herzustellen (Bauanleitung s. Kapitel 4). Da der Kasten Postkartengröße hat, sind auch die Arbeitskarten einfach anzufertigen. Wichtig ist, dass die Karten kürzer geschnitten werden und nur noch die Lochführung heraussteht:

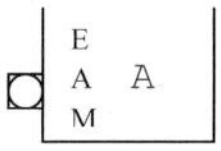

Die Steckerkiste lässt sich natürlich auch für den Bereich Sprache verwenden z.B. Anlaut, Inlaut, Auslaut hören; Bild-Name-Zuordnung etc.

Zur Herstellung der Arbeitskarten für den Bereich Sprache sind Bilderaufkleber, die z.B. über Beenen-Lehrmittel bestellt werden können, gut geeignet. Auch Cliparts können verwendet werden.

Die Steckerkiste lässt sich aber genauso gut für verschiedene Vorhaben verwenden.

Postkarten-Lernspiel

Abb. 19

Materialbeschreibung:
Kasten für Postkarten-Lernspiel (Bauanleitung s. Kapitel 4); Arbeitsblätter unterteilt in 9 Felder; Postkarten mit den Lösungen, zerschnitten in 9 Teile

Ziele:
Je nach Arbeitsblatt

Benutzung durch die Schüler:
Die Schüler legen das Arbeitsblatt mit den Aufgaben in den Lernspiel-Kasten; darauf werden die Postkartenteile (Lösungen) entsprechend gelegt. Liegen alle Teile im Kasten, wird ein Holzbrettchen darauf gelegt, der Kasten umgedreht und hochgehoben. Liegt das Bild der Postkarte richtig, sind alle Aufgaben richtig gelöst.

Differenzierungsmöglichkeiten:
- Menge-Menge-Zuordnung
- Menge-Zahl-Zuordnung
- Rechenaufgaben (Addition; Subtraktion)
- Zuordnungen im pränumerischen Bereich (Farbe, Form, Kategorien)
- Lesen (z.B. Anlautlesen)

Sonderpädagogische Hinweise:
Schulung des logischen Denkens

Anmerkungen:
Die Arbeits- und Lösungsblätter lassen sich mit Hilfe des Computers sehr einfach herstellen. Entsprechend der Kastengröße kann man am Computer eine 3 x 3 Tabelle in Postkartengröße (14,8 x 10,5 cm) entwerfen, in die man dann die verschiedenen Aufgaben etc. einfügt. Für Mengen-Aufgaben sind besonders die Schulfonts-Schriftarten „Veenpikto“, „Blackfoot“, „Euklid“ und „Domino“ geeignet.
Beispiele s. folgende Seiten.

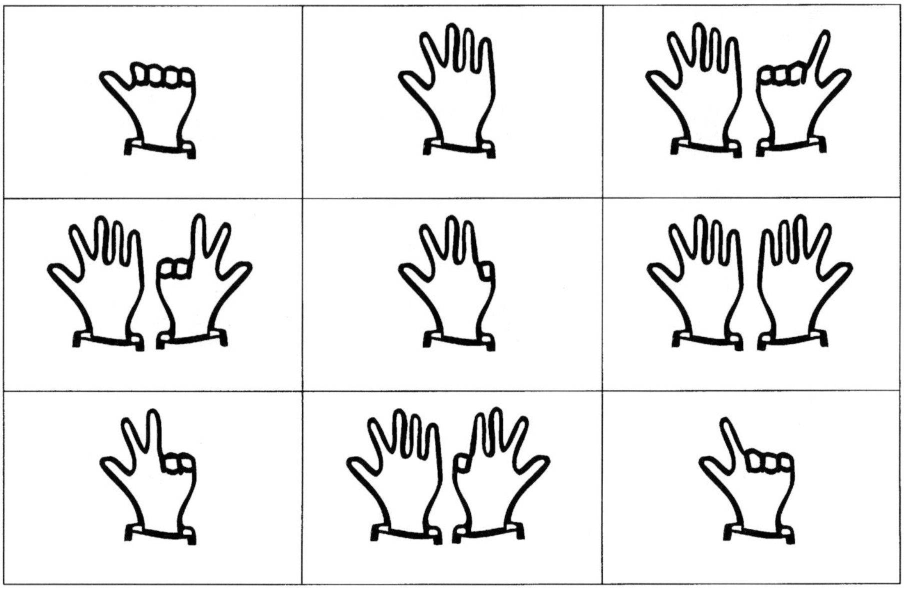

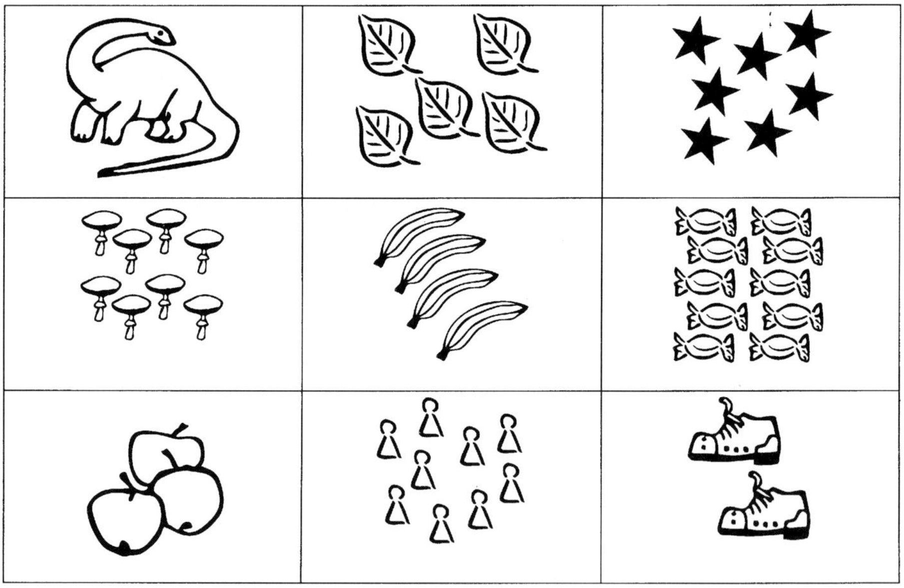

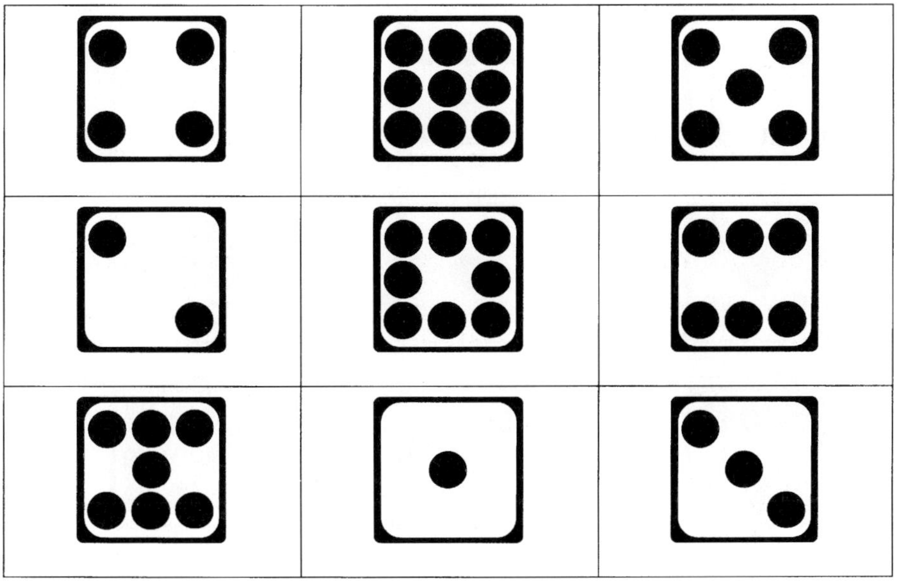

4
9
5
2
8
6
7
1
3

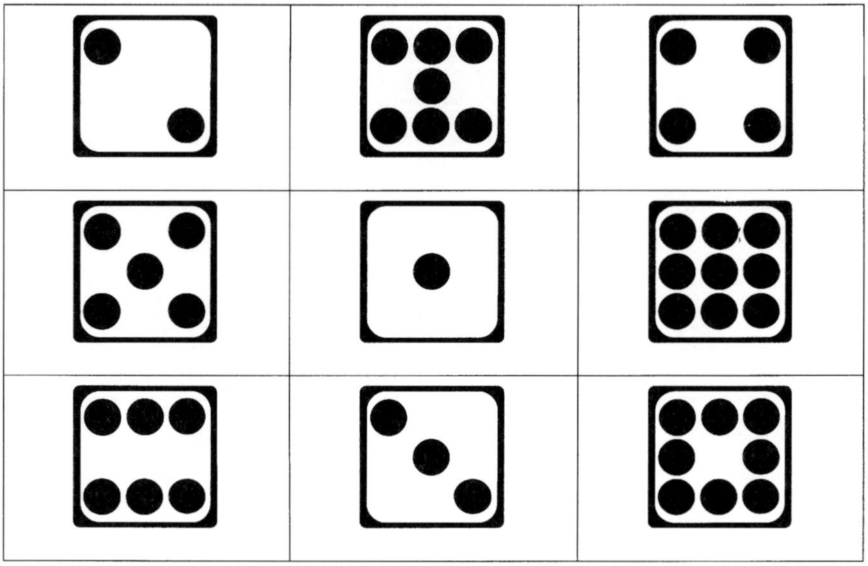

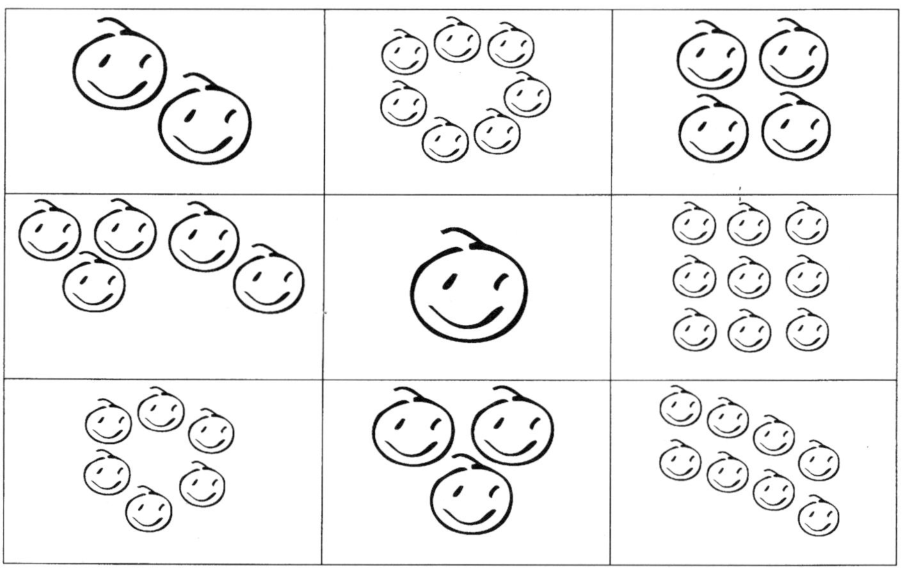

Elektrokasten

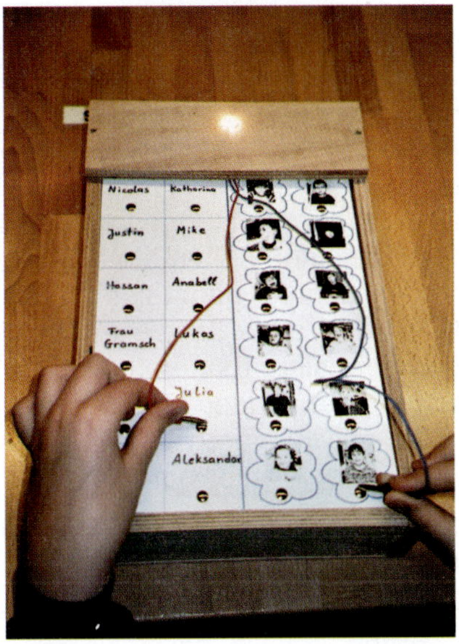

Abb. 20

Materialbeschreibung:
Elektrokasten; Arbeitsblätter

Ziele:
Je nach Arbeitsblatt

Benutzung durch die Schüler:
Die Schüler halten ein Kabelende auf die Aufgabe, das andere Ende auf die Lösung. Ist die Lösung richtig, leuchtet die Glühbirne.

Differenzierungsmöglichkeiten:
- Arbeitsblatt zur Form-, Farbwahrnehmung; Kategorienbildung
- Menge-Menge-Zuordnung
- Menge-Zahl-Zuordnung
- Rechenaufgaben
- pro Blatt zwei Spalten Aufgaben, zwei Spalten Lösungen
- pro Blatt eine Spalte Aufgaben, drei Spalten Lösungen
- pro Blatt eine Spalte Aufgaben, zwei Spalten Lösungen (eine Reihe Nägel abdecken)

Sonderpädagogische Hinweise:
Gleichzeitige Schulung der Auge-Hand-Koordination sowie der Feinmotorik

Anmerkungen:

Der Elektrokasten, der u.a. bei Beenen-Lehrmittel vertrieben wird, ist ebenfalls hinreichend bekannt, deshalb soll hier nur kurz darauf hingewiesen werden.

Der Elektrokasten ist für viele unserer Schüler schwierig zu handhaben, da die Arbeitsblätter für Schüler mit erhöhtem Förderbedarf meist zu unübersichtlich sind. Eine klare Kennzeichnung des Aufgabenbereichs, z.B. durch eine rote Umrandung, erleichtert den Schülern die Orientierung.

Sehr hilfreich kann es auch sein, anfangs nur eine Spalte Aufgaben und nur die entsprechende Anzahl an Lösungen anzubieten.

Da der Elektrokasten jedoch einen hohen Motivationscharakter hat, finden sich doch erstaunlich viele Schüler damit zurecht.

Große Anforderungen werden auch an die Feinmotorik der Schüler gestellt, da die Kabel sehr dünn sind. Es empfiehlt sich, Bananenstecker (im Elektrohandel erhältlich) zu verwenden (Hohlraum mit Heißkleber ausfüllen) oder die Kabelenden mit mehreren Lagen Klebeband zu umwickeln, so dass die Schüler die Kabel leichter handhaben können.

Zur Erstellung der Arbeitsblätter können Blanko-Karten z.B. über Beenen-Lehrmittel bezogen werden.

Der Elektrokasten kann natürlich auch für die Bereiche Sprache und Wahrnehmung verwendet werden.

Gummispiel

Abb. 21

Materialbeschreibung:
Kasten für das Gummispiel (Bauanleitung s. Kapitel 4); Arbeitsblätter: Querformat, in drei Teile unterteilt (links: „Frage“; Mitte: Selbstkontrolle; rechts: „Antwort“); Gummibänder in drei Farben (je zwei).
Die Arbeitsblätter herstellen und laminieren; den Teil des Arbeitsblattes mit der Selbstkontrolle in den Farben der Gummibänder kennzeichnen (farbige Striche von der Aufgabe zur Lösung zeichnen). Das Arbeitsblatt in die drei Teile zerschneiden.

Ziele:
Menge-Zahl-Zuordnung

Benutzung durch die Schüler:
Das „Frage“-Blatt wird in die linke Hälfte des Kastens gelegt; das „Antwort“-Blatt in die rechte Hälfte. Nun spannt der Schüler die Gummibänder der entsprechenden Farbe von der „Frage“ zur „Antwort“. Hat der Schüler alle Gummibänder gespannt, wird das Selbstkontroll-Blatt in die Mitte geschoben. Der Schüler kann so selbst kontrollieren, ob er alle Gummibänder richtig gespannt hat.

Differenzierungsmöglichkeiten:
- die Schüler erhalten Arbeitsblätter zur Mengen-Mengen-Zuordnung
- die Schüler erhalten Arbeitsblätter mit Rechenaufgaben
- die Schüler erhalten Arbeitsblätter mit Wahrnehmungsaufgaben (z.B. Was ist gleich?; Was gehört zusammen?)

Sonderpädagogische Hinweise:
Gleichzeitige Schulung der Motorik (Spannungsaufbau der Hand)

Anmerkungen:
Mit dem Computer lassen sich die Arbeitsblätter sehr einfach herstellen. Bei jüngeren oder schwächeren Schülern ist es auch möglich, die Anordnung der Fragen und Antworten immer gleich zu gestalten, so dass nur ein Selbstkontroll-Blatt nötig ist.

Wichtig ist es, die „Fragen" farbig zu kennzeichnen, so dass dem Schüler deutlich wird, welches Gummiband er wo spannen soll. Es ist auch möglich, die linken Holzdübel farbig zu kennzeichnen.

Natürlich kann das Gummispiel auch für den Bereich Sprache verwendet werden.

Zahlen schreiben

Abb. 22

Materialbeschreibung:
Landré Zahlenlernheft (Lineatur ZL; DIN A4 quer); wasserlöslicher Folienstift
In das große Kästchen eine Zahl zum Nachspuren hineinkleben; in die anderen Kästchen diese Zahl gestrichelt; dünn angedeutet etc. hineinschreiben, einige Kästchen evtl. weiß lassen. Die fertigen Blätter in Klarsichthüllen stecken.

Ziel:
Zahlen schreiben

Benutzung durch die Schüler:
Die Schüler nehmen sich ein Zahl-Blatt und schreiben mit dem Folienstift die Zahl in die Kästchen.

Differenzierungsmöglichkeiten:
- die Schüler erhalten Blanko-Blätter, auf die sie eine bestimmte Zahl schreiben (in der Kopfzeile des Blattes stehen die Zahlen 1-10; die Zahl, die geschrieben werden soll ist eingekreist bzw. Schüler suchen sie sich selbst aus und kreisen sie ein)
- die Schüler erhalten ein eigenes Zahlenlernheft, in das sie die geübten Zahlen schreiben, die entsprechende Menge dazu kleben oder malen
- die Schüler arbeiten an der Tafel

Sonderpädagogische Hinweise:
Gleichzeitige Übung der Stifthaltung und der Schreibmotorik.

Anmerkungen:
Mit der Schulfonts-Schriftart „Nordspur" lassen sich Zahlen zum Nachspuren ausdrucken.

Logico

Abb. 23

Materialbeschreibung:
Logico-Kasten (Finken-Verlag); passende Logico-Karten

Ziele:
Je nach der Zielsetzung der einzelnen Karten (von Form- und Farbwahrnehmung bis hin zu Rechenaufgaben).

Benutzung durch die Schüler:
Die Logico-Karte wird in den Kasten geschoben. Die einzelnen Farbknöpfchen werden an die richtige Stelle der Antwortleiste geschoben. Selbstkontrolle durch Umdrehen der Karte und Überprüfung der Farben.

Differenzierungsmöglichkeiten:
- Logico-Rondo bzw. Logicoprimo mit sechs Farbknöpfchen
- Logico-Piccolo mit zehn Farbknöpfchen

Sonderpädagogische Hinweise:
Gleichzeitige Schulung der Wahrnehmung

Anmerkungen:
Das Logico-Programm des Finken-Verlags ist recht teuer, motiviert die Schüler aber sehr. Selbst schwächere Schüler begreifen das System sehr schnell. Unsere Schüler arbeiten damit hochmotiviert und ausdauernd und möchten es auch häufig in der gestalteten Freizeit benutzen.
Beim Finken-Verlag gibt es auch Blanko-Karten für das Logico-Programm, so dass die Arbeitskarten recht preisgünstig hergestellt werden können.

Zahlen verbinden

Abb. 23a

Materialbeschreibung:
Papier; Laminierfolie; wasserlösliche Folienschreiber
Arbeitsblätter mit den Zahlen von 1-10 in ungeordneter Reihenfolge erstellen und diese laminieren bzw. in Prospekthüllen heften.

Ziel:
Vertiefendes Erfassen der Zahlenfolge 1-10

Benutzung durch die Schüler:
Die Schüler verbinden mit einem Folienschreiber die Zahlen von 1 bis 10.

Differenzierungsmöglichkeiten:

- der Zahlenbereich kann erweitert bzw. verkleinert werden
- die Zahlen werden absteigend, beginnend bei 10 verbunden
- die Zahlen werden so angeordnet, dass ein Bild entsteht (z.B. Haus, Auto, Schiff)
- pränumerischer Bereich: Arbeitsblätter auf denen Gegenstände in verschiedenen Größen (z.B. Tiere, Autos) abgebildet werden. Die Bilder werden der Größe nach verbunden
- Lesen: am oberen Teil des Arbeitsblattes ist ein Gegenstand oder ein Foto eines Schülers abgebildet. Die Buchstaben des entsprechenden Wortes werden in ungeordneter Reihenfolge auf das Blatt geschrieben. Schwächere Schüler erhalten als Hilfe das Ganzwort als Vorlage.

Sonderpädagogische Hinweise:
Es können Folien zur Selbstkontrolle erstellt werden: auf einer Folie werden die Linien, die der Schüler ziehen soll, aufgezeichnet. Die Folie wird als Kontrollblatt auf das fertige Arbeitsblatt gelegt.
Beispiele s. folgende Seiten.

2

4

5

10

3

1

6

8

7

9

Türme bauen

Abb. 23b

Materialbeschreibung:
Blanko-Memorykarten; Klebefolie; farbige Bausteine; Würfel 1-3
Auf die Blankokarten werden Bausteine gemalt (zunächst im Bereich 1-6). Einige Karten werden mit den Rechenzeichen „+“ und „=“ versehen. Die Karten werden mit Folie beklebt.

Ziel:
Erfassen des Prinzips der Addition

Benutzung durch die Schüler:
Die Schüler würfeln eine Zahl, bauen einen Turm aus der gleichen Anzahl Steine, suchen die entsprechende Karte und legen sie zu ihrem Turm. Sie würfeln erneut und fahren wie oben fort. Danach fügen sie beide Türme zusammen und zählen die Steine. Die entsprechende Karte (mit der Anzahl der gesamten Steine) wird zu dem Turm gelegt.

Ist den Schüler das beschriebene Prinzip vertraut, werden die Karten „+“ und „=“ eingeführt. Sie werden an die entsprechenden Stellen zwischen den Bausteinkarten gelegt.

Differenzierungsmöglichkeiten:

- der Zahlenraum kann erweitert werden
- die Schüler erhalten Zahlenkarten, mit denen sie die Additionsaufgabe unter die mit den Bausteinkarten gelegte Aufgabe legen (hierbei handelt es sich um den nächsten Schritt, der die Schüler an schriftliche Additionsaufgaben heranführt)
- auf die gleiche Weise kann die Subtraktion eingeführt werden

Sonderpädagogische Hinweise:
Da es sich hier schwerpunktmäßig um das Erfassen des Prinzips der Addition handelt, empfiehlt es sich, den Zahlenraum zunächst zu beschränken. Ebenso ist es ratsam, farbige Bausteine zu benutzen, da ein Farbenwechsel innerhalb eines Turmes (evtl. dem Schüler vorgeben, dass verschiedene Farben genommen werden) das Abzählen erleichtert.

3.2 Sprache

Für den Bereich Sprache lassen sich verschiedene Freiarbeitsmaterialien, die wir bereits zum Rechnen vorgestellt haben, ebenfalls verwenden. Der Vorteil ist, dass man das Grundmaterial (also z.B. den Kasten) nur einmal anschaffen oder herstellen muss, es aber mit entsprechenden Arbeitsblättern für verschiedenste Bereiche nutzen kann.

Materialien aus dem Bereich Rechnen, die sich ebenfalls für den Bereich Sprache eignen, sind:

- Steckerkiste
- Elektrokasten
- Gummispiel
- Postkarten-Lernspiel
- Logico
- Angelspiel
- Domino- und Memoryspiele

Sehr geeignet in der Vor- und Unterstufe sind Arbeitsblätter bzw. -karten zu folgenden Bereichen:

- Vorname-Foto-Zuordnung
- Anfangsbuchstabe zum Rest des Namens zuordnen
- Unterteilung des Namens in Silben
- Vorname-Nachname-Zuordnung
- Bild-Anlaut-Zuordnung
- Bild-Auslaut-Zuordnung
- einfache, lauttreue Wörter dem passenden Bild zuordnen
- zu einfachen Wörtern den fehlenden Inlaut zuordnen
- auf der Ebene des Symbollesens: „Was gehört zusammen?"; „Was ist gleich?"

Zudem können die Freiarbeitsmaterialien auch für verschiedene Vorhaben im Bereich Sprache eingesetzt werden, z.B. können zum Thema Bauernhof Arbeitskarten für die Steckerkiste zum Ganzwortlesen hergestellt werden: Bild eines Bauernhoftieres auf die Karte kleben, 4 Tiernamen vor die Löcher schreiben. Der Schüler stöpselt aus dem Loch mit dem richtigen Tiernamen.

Namensdosen

Abb. 24

Materialbeschreibung:
Filmdöschen; kopierte oder gescannte Fotos der Schüler; Namen der Schüler (mit dem Computer geschrieben; laminiert).
Jedes Filmdöschen mit dem Foto eines Schülers bekleben, den Namen des Schülers in einzelne Buchstaben zerschneiden und in das Döschen füllen. Zur Selbstkontrolle evtl. den Namen unter das Döschen kleben.

Ziele:
Namen der Mitschüler lesen; Erfassen der Zerlegung eines Wortes in Einzelbuchstaben

Benutzung durch die Schüler:
Die Schüler nehmen sich ein Filmdöschen, schütten die Buchstaben auf den Tisch und legen den Namen des abgebildeten Schülers. Als Hilfestellung können die Schüler z.B. am Freiarbeitsplan, an der Garderobe etc. den Namen nachlesen.

Differenzierungsmöglichkeiten:
- die Schüler legen den Namen nach, ohne ihn nachzulesen; sie kontrollieren erst nach der Fertigstellung des Namens
- lautgetreue Wörter

Sonderpädagogische Hinweise:
Gleichzeitige Schulung der Feinmotorik

Anmerkungen:
Durch das Nachlegen der Namen der Mitschüler (was für die Kinder immer sehr motivierend ist), begreifen viele Schüler, dass ein Wort aus mehreren Einzelbuchstaben besteht. So kann bei vielen Schülern der Sprung vom Ganzwortlesen zum Synthetisieren angebahnt werden.
Filmdosen sind in den meisten Fotogeschäften kostenlos zu erhalten.

Dosendiktat

Abb. 25

Materialbeschreibung:
Eine leere Cappuccino-Dose mit Deckel; einfache, lauttreue Wörter (evtl. laminiert); eine kleine Schachtel; Papier und Stift.
Die Cappuccino-Dose mit dem „Dosendiktat-Symbol“ bekleben, in den Deckel einen Einwurfschlitz schneiden und die Wörter in die kleine Schachtel, die ebenfalls mit dem Symbol beklebt ist, legen.

Ziele:
Ganzwortlesen; Erfassen und Behalten von Wörtern; Schreiben aus dem Gedächtnis (Voraussetzung: Kenntnis einiger Buchstaben); Erfassen der Synthese

Benutzung durch die Schüler:
Die Schüler nehmen ein Wortkärtchen, „lesen“ bzw. speichern es, werfen die Karte in den Einwurfschlitz und schreiben das Wort auf ihren Zettel oder in ein Schreibheft.

Differenzierungsmöglichkeiten:
- die Dose steht in einer anderen Ecke des Klassenraumes, so dass die Schüler sich das Wort über einige Zeit merken müssen
- die Schüler schreiben das Wort von der Karte ab und werfen diese dann erst in die Dose

Sonderpädagogische Hinweise:
Gleichzeitige Schulung des visuellen Gedächtnisses

Anmerkungen:
Viele Schüler kennen zwar einige Buchstaben können aber trotzdem weder Ganzwortlesen oder Synthetisieren. Trotzdem können diese Schüler

häufig die Wörter des Dosendiktats nachschreiben. Da sich auch Schüler, die nicht lesen können häufig das Dosendiktat für die Freiarbeit auswählen, ist bei diesen Schülern das Ziel, die Buchstaben schreiben zu üben, sich die richtige Reihenfolge zu merken und aufzuschreiben.
Als Selbstkontrolle werden die Karten wieder aus der Dose geholt und mit dem geschriebenen Wort verglichen.
Schüler, die die Wörter nur abschreiben ohne zu lesen, werden zum Ende der Freiarbeit von einem Lehrer dazu motiviert, mit seiner Hilfe das Lesen der geschriebenen Wörter zu versuchen.

Fühlsack

Abb. 26

Materialbeschreibung:
Stoffsäckchen; Holz-, Styropor- oder Moosgummi-Buchstaben
Die Buchstaben werden in einen Fühlsack gelegt.

Ziel:
Einprägen der Buchstabenform

Benutzung durch die Schüler:
Die Schüler fassen in den Fühlsack, nehmen einen Buchstaben, befühlen und benennen ihn und ziehen ihn dann aus dem Sack.

Differenzierungsmöglichkeiten:
- kennen die Schüler noch nicht die Namen der Buchstaben, ziehen sie einen Buchstaben aus dem Sack und ordnen sie z.B. einem geschriebenen Buchstaben oder einem Holzbuchstaben zu, der auf dem Tisch liegt
- Zuordnung des großen Buchstabens zum entsprechenden kleinen Buchstaben (entweder: der große Buchstabe im Fühlsack, der kleine auf dem Tisch oder in einer Dose, oder: beide Buchstaben im Fühlsack)
- Reduzierung der Buchstaben im Fühlsack, je nach den Fähigkeiten der Schüler
- Suchen eines bestimmten Buchstabens

Sonderpädagogische Hinweise:
Gleichzeitige Schulung der taktilen Wahrnehmung (Formwahrnehmung), der Merkfähigkeit sowie die Verbindung von taktiler und visueller Wahrnehmung (Formkonstanz).

Anmerkungen:
Statt eines Fühlsacks kann natürlich auch eine Fühlkiste verwendet werden.
Die Buchstaben lassen sich aus Moosgummi recht einfach und günstig herstellen, allerdings sind Holzbuchstaben stabiler und fühlen sich schöner an, sind leider aber auch teurer.
Zudem können auch Buchstaben aus einem Puzzleteppich verwendet werden.
Der Fühlsack kann natürlich auch zum Lernen von Formen und Zahlen benutzt werden.

Leseschiene

Abb. 27

Materialbeschreibung:
Leseschiene; Wortkarten; den Wörtern entsprechende Bilder, Aufkleber etc.
Auf jeweils eine Karte ein (möglichst lauttreues) Wort drucken, auf die Rückseite das entsprechende Bild kleben.

Ziel:
Lesen von Wörtern

Benutzung durch die Schüler:
Die Schüler nehmen eine Wortkarte und stecken sie von rechts in die Leseschiene. Durch Schieben der Karte erscheint an der linken Seite der erste Buchstabe. Die Schüler lesen diesen und schieben die Karte weiter bis der nächste Buchstabe erscheint usw.. Haben die Schüler das komplette Wort gelesen, können sie durch Umdrehen der Karte anhand des Bildes kontrollieren, ob sie richtig gelesen haben.

Differenzierungsmöglichkeiten:
- Lesen von einsilbigen, lauttreuen Wörtern
- Lesen von mehrsilbigen Wörtern, die nicht mehr lauttreu sind

Anmerkungen:
Dadurch, dass die Buchstaben nacheinander erscheinen, wird die Synthese des Wortes erleichtert. Vielen Schülern fällt es daher leichter einfache Wörter zu lesen.
Die Leseschiene ist für Schüler geeignet, die im Leseerwerb stehen und beginnen zu synthetisieren.

Buchstaben schreiben

Abb. 28

Materialbeschreibung:
Landré Schreiblernheft (Lineatur ZL; DIN A4 quer); wasserlöslicher Folienstift
In das große Kästchen einen Buchstaben zum Nachspuren hineinkleben; in die anderen Kästchen diesen Buchstaben gestrichelt; dünn angedeutet etc. hineinschreiben, einige Kästchen evtl. weiß lassen. Die fertigen Blätter in Klarsichthüllen stecken.

Ziel:
Buchstaben schreiben und verinnerlichen

Benutzung durch die Schüler:
Die Schüler nehmen sich ein Buchstaben-Blatt und schreiben mit dem Folienstift den Buchstaben in die Kästchen.

Differenzierungsmöglichkeiten:

- in einige Reihen werden Wörter, die mit dem Buchstaben beginnen oder ihn enthalten, geschrieben, die Schüler schreiben das Wort nach
- zusätzlich zum Buchstaben noch das entsprechende Anlautbild dazukleben
- die Schüler arbeiten an der Tafel

Sonderpädagogische Hinweise:
Gleichzeitige Übung der Stifthaltung und der Schreibmotorik.

Anmerkungen:
Mit der Schulfonts-Schriftart „Nordspur" lassen sich Buchstaben zum Nachspuren ausdrucken.

Groß-Klein-Puzzle

Abb. 29

Materialbeschreibung:
Puzzleteile aus Holz bzw. Pappe, von denen jeweils zwei zusammen passen; Buchstaben aus Moosgummi oder Sandpapier (jeweils großer und kleiner Buchstabe) in zwei Farben (z.B. große Buchstaben gelb, kleine Buchstaben blau).
Die Buchstaben jeweils auf zwei zusammengehörige Puzzleteile kleben.

Ziele:
Verbindung zwischen großem und kleinem Buchstaben verinnerlichen
Begreifen der Lautgleichheit trotz unterschiedlicher Gestalt

Benutzung durch die Schüler:
Die Schüler stecken jeweils den Großbuchstaben mit dem dazugehörigen Kleinbuchstaben zusammen.

Differenzierungsmöglichkeiten:
- die Schüler erhalten nur eine Auswahl an Buchstaben, nicht das gesamte Alphabet (z.B. nur Buchstaben, die sie schon kennen)
- keine farbliche Unterscheidung zwischen Groß- und Kleinbuchstaben

Sonderpädagogische Hinweise:
Förderung der Auge-Hand-Koordination; Schulung der Figur-Grund-Wahrnehmung.

Anmerkungen:
Mit der Schulfonts-Schriftart „Keys“ lassen sich jeweils zwei zusammengehörige Puzzleteile mit den entsprechenden Buchstaben ausdrucken. Werden diese Teile laminiert, erhält man ein preisgünstiges, abwaschbares Puzzle. Nachteil ist, dass die Teile sich nicht exakt zusammenschieben lassen (evtl. auf Pappe kleben!).

Klammerwörter

Abb. 30

Materialbeschreibung:
Kleine Karten mit Bildern; entsprechende Wörter mit jeweils einem fehlenden Buchstaben; Holzwäscheklammern
Auf kleine Karten ein Bild kleben oder drucken, darüber das entsprechende Wort schreiben. Der Anfangsbuchstabe fehlt. Der fehlende Buchstabe wird durch einen Strich gekennzeichnet. Die Karten laminieren. Auf die Wäscheklammern die jeweiligen Buchstaben kleben.

Ziel:
Anlautlesen

Benutzung durch die Schüler:
Die Schüler nehmen sich eine Bildkarte und klammern die entsprechende Wäscheklammer in die Lücke.

Differenzierungsmöglichkeiten:
- statt Anfangsbuchstabe fehlt ein Buchstabe oder eine Lautverbindung in der Mitte oder am Ende (Förderung des sinnentnehmenden Lesens)
- es fehlen mehrere Buchstaben im Wort
- bei fortgeschrittenen Lesern: Weglassen des Bildes
- das Material wird so gestaltet, dass die Schüler an einer Wäscheleine arbeiten können

Sonderpädagogische Hinweise:
Gleichzeitige Schulung der Feinmotorik; Verbesserung der Spannung der Finger und der Hand.

Anmerkungen:
Mit dem Computer lassen sich die Karten einfach herstellen.

Anklammerkarten

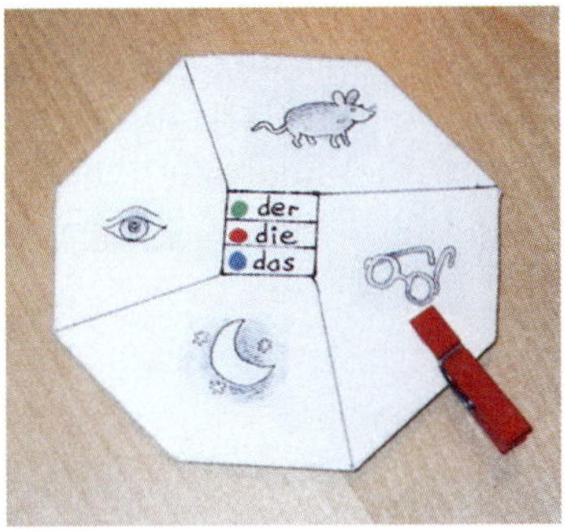

Abb. 30a

Materialbeschreibung:
Bierdeckel oder Pappe; farbige Klammern
Aus den Bierdeckeln bzw. der Pappe wabenförmige Karten in beliebiger Größe schneiden. In der Mitte der Karte wird die Aufgabe eingetragen, jede Variante wird mit der Farbe einer Klammer gekennzeichnet. Die Karte in beliebig viele Felder unterteilen. In jedes Feld die verschiedenen Lösungsmöglichkeiten eintragen. Zur Selbstkontrolle farbige Kontrollpunkte auf die Rückseite der Karte zeichnen.
Beispiel:
Aufgabe: „Finde den richtigen Artikel!" In die Mitte der Karte werden die Artikel (der, die, das) geschrieben und jeweils mit einer Farbe markiert. In die Lösungsfelder wird je ein Bild geklebt.

Ziele:
Je nach Aufgabe

Benutzung durch die Schüler:
Die Schüler markieren jedes Feld mit einer Klammer in der der Lösung entsprechenden Farbe. Anschließend können sie ihre Lösungen mit den Kontrollpunkten auf der Rückseite vergleichen.

Differenzierungsmöglichkeiten:
- Karten zum Anlauthören: 3 Anlaute in der Mitte, die Bilder werden in der entsprechenden Farbe angeklammert
- An-, In-, Auslauthören: ein Laut, der im An-, In- oder Auslaut geklammert werden muss
- pro Feld mehrere Lösungsmöglichkeiten: in die Mitte wird keine Aufgabe geschrieben; in jedes Feld wird ein Bild geklebt, dazu werden je drei Wörter geschrieben. Die Schüler klammern das richtige Wort an

Sonderpädagogische Hinweise:
Gleichzeitige Schulung der Auge-Hand-Koordination sowie der Feinmotorik.

Anmerkungen:
Die Anklammerkarten lassen sich sehr einfach mit Hilfe von Bildaufklebern (z.B. aus dem Beenen-Verlag) herstellen. Dort, sowie z.B. beim Persen-Verlag sind auch bunte Klammern erhältlich. Die Anklammerkarten können natürlich auch für den Bereich UMZG verwendet werden (z.B. Aufgaben mit Zahlen oder Mengen).

Buchstabensteckwürfel

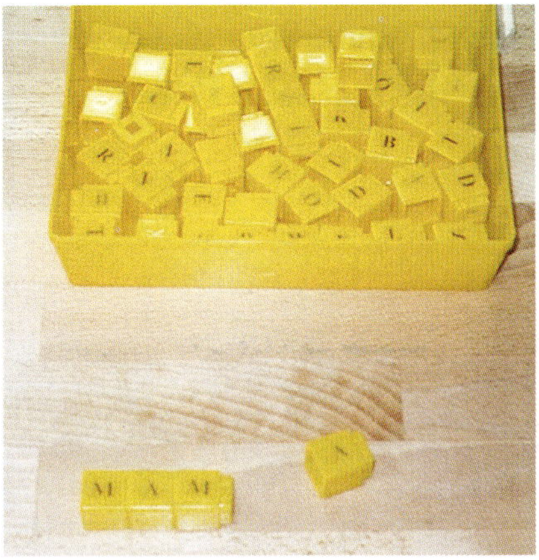

Abb. 30b

Materialbeschreibung:
Schubi-Unifix Steckkuben, Klebebuchstaben
Auf die Steckwürfel je einen Buchstaben kleben oder schreiben.

Ziele:
Erfassen der Zerlegung eines Wortes in Einzelbuchstaben
Förderung der Synthese
Lautgetreues Schreiben

Benutzung durch die Schüler:
Die Schüler setzen aus den Buchstabenwürfeln Wörter zusammen.

Differenzierungsmöglichkeiten:

- die Schüler erhalten Bilder zu denen sie die entsprechenden Worte zusammensetzen
- die Schüler hören Wörter (z.B. auf einer Kassette aufnehmen) und setzen diese dann lautgetreu zusammen
- die Schüler setzen Wörter nach Vorlage zusammen
- die Schüler bilden ganze Sätze
- die Würfel können auch zum Auf- und Abbau von Wörtern genutzt werden: z.B. R – Ro – Ros – Rose
- einzelne Buchstaben können ausgetauscht werden (z.B. Haus – Maus): Verdeutlicht, dass Buchstaben Bedeutungsträger sind

Sonderpädagogische Hinweise:
Die Steckwürfel sind besonders für Schüler geeignet, die motorisch (noch) nicht in der Lage sind zu schreiben.

Pixibücher

Abb. 31

Materialbeschreibung:
Pixibücher; eventuell vereinfachter Text; Arbeitsblätter mit Fragen; Lösungsblätter (wird der Text vereinfacht, stehen die Fragen jeweils direkt unter dem Text jeder Seite)

Ziele:
Förderung des sinnentnehmenden Lesens
Förderung des freien Schreibens

Benutzung durch die Schüler:
Die Schüler lesen die einzelnen Seiten aus dem Buch. Danach lesen sie die Fragen und beantworten diese. Abschließend vergleichen sie ihre Antworten mit denen auf dem Lösungsblatt.

Sonderpädagogische Hinweise:
Bei der Formulierung der Fragen muss darauf geachtet werden, dass die Fragen mit einem Wort zu beantworten sind, da sonst eine Selbstkontrolle nicht möglich ist. Für stärkere Schüler können die Fragen auch komplexer sein, damit sie z.B. mit einem ganzen Satz antworten müssen.

Anlautwürfel

Abb. 32

Materialbeschreibung:
Holzwürfel; 6 Aufkleber in der Größe der Würfelfläche, auf die die entsprechenden Großbuchstaben geschrieben werden; Karten mit Bildern, deren Anlaute mit den Großbuchstaben auf dem Würfel übereinstimmen
Die Karten mit den Großbuchstaben werden auf den Würfel geklebt. Die Bildkarten werden laminiert (evtl. auf die Rückseite den Anlaut schreiben → Selbstkontrolle).

Ziel:
Diskriminierung des Anlautes

Benutzung durch die Schüler:
Die Schüler würfeln einen Buchstaben. Aus den ausgebreiteten Karten suchen sie sich ein Bild mit dem entsprechenden Anlaut.

Differenzierungsmöglichkeiten:

- für Schüler, die im Leseerwerb bereits fortgeschritten sind, können auch Endlaute verwendet werden
- das Spiel kann als Partnerspiel oder in der Kleingruppe gespielt werden
- der Würfel kann auch für die Bereiche Menge/Zahl sowie für den pränumerischen Bereich (Farben, Formen, Kategorien) verwendet werden
- das Material (besonders der Würfel) wird so groß gestaltet, dass damit auf dem Boden gearbeitet werden kann

Sonderpädagogische Hinweise:
Das Spielen mit einem Partner oder in der Gruppe fördert zusätzlich soziale Kompetenzen wie Rücksichtnahme, Warten-Können, Abwechseln. Die Bild-Anlaut-Zuordnung kann auch mit folgenden Freiarbeitsmaterialien umgesetzt werden:

- Angelspiel
- Elektrokasten
- Postkarten-Lernspiel
- Gummispiel
- Steckerkiste

Da diese Materialien bereits ausführlich vorgestellt wurden, gehen wir an dieser Stelle nicht weiter auf sie ein.

Anlautlotto

Abb. 33

Materialbeschreibung:
Holzwürfel; 6 Aufkleber mit Großbuchstaben in der Größe der Würfelfläche; Einzelkarten mit Bildern, deren Anlaute mit den Großbuchstaben auf dem Würfel übereinstimmen; Karten, auf denen je 6 Bilder mit verschiedenen Anlauten abgebildet sind
Die Aufkleber mit den Großbuchstaben werden auf den Würfel geklebt. Auf Arbeitsblätter werden je 6 Bilder mit verschiedenen Anlauten geklebt. Alle Bildkarten werden laminiert.

Ziele:
Diskriminierung des Anlautes
Zuordnung Bild – Anlaut

Benutzung durch die Schüler:
Die Schüler erhalten eine Lottokarte mit 6 Bildern. Sie würfeln einen Buchstaben. Aus den ausgebreiteten Karten suchen sie sich ein Bild mit dem entsprechenden Anlaut und ordnen ihn einem Bild auf ihrer Karte zu. Gibt es kein freies Bild mit dem Anlaut mehr, wird erneut gewürfelt.

Differenzierungsmöglichkeiten:
- bei Schülern, die im Leseerwerb bereits fortgeschritten sind, können auch Endlaute verwendet werden
- das Spiel kann als Partnerspiel oder in der Kleingruppe gespielt werden
- das Spiel kann auch für die Bereiche Menge/Zahl sowie für den pränumerischen Bereich (Farben, Formen, Kategorien) verwendet werden

Sonderpädagogische Hinweise:
Das Spielen mit einem Partner oder in der Gruppe fördert zusätzlich soziale Kompetenzen wie Rücksichtnahme, Warten-Können, Abwechseln.

Anlautdomino

Abb. 34

Materialbeschreibung:
Dominokarten, aufgeteilt in Bild und Anlaut; eventuell Moosgummi
Karten herstellen und laminieren. Um ein Verrutschen auf den Arbeitstischen zu verhindern, kann die Rückseite mit Moosgummi beklebt werden.

Ziele:
Bild-Anlaut-Zuordnung; Anlautlesen

Benutzung durch die Schüler:
Die Schüler legen die Karten aneinander, indem sie jeweils Bild und Anlaut zuordnen.

Differenzierungsmöglichkeiten:

- dieses Spiel kann sowohl einzeln als auch mit einem Partner gespielt werden
- es kann ein Domino mit einfachen Wörtern und den entsprechenden Abbildungen erstellt werden
- anstelle eines Dominos kann auch entsprechend ein Memory hergestellt werden

Sonderpädagogische Hinweise:
Das Spiel kann auch mit sehr großen Karten (10 x 10 und größer) hergestellt werden. Es kann dann auf dem Boden gespielt werden und ist so sehr für Schüler geeignet, die einen großen Bewegungsdrang haben, bzw. denen es noch schwer fällt, am Tisch zu arbeiten.
Wird das Domino mit einem Partner gespielt, werden auch soziale Kompetenzen wie Rücksichtnahme, Warten-Können oder Sich-Abwechseln geübt.

Anmerkungen:
Das Domino kann auch für den Bereich Rechnen erstellt werden (Zahl- und Mengenabbildungen; nur Mengenabbildungen; pränumerische Abbildungen; einfache Rechenaufgaben).
Mit Hilfe von Cliparts oder der Schulfont-Schriftart „Anlaut“ lassen sich die Domino-Karten einfach herstellen.
Beispiel s. nächste Seite.

	E
	I
	L
	T
	A

3.3 Sachunterricht

Sachunterricht

Lebensmittellotto

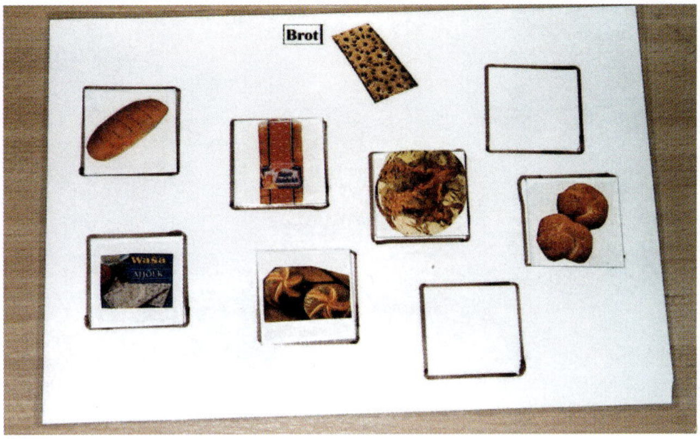

Abb. 35

Materialbeschreibung:
Arbeitsblätter zu Lebensmittelarten; Einzelkarten mit Lebensmitteln

Auf ein Blatt wird ein „Vertreter" einer Lebensmittelsorte geklebt. Darunter werden Leerkästchen gezeichnet (bis zu 8). Einzelne Lebensmittelabbildungen werden quadratisch ausgeschnitten. Die Größe dieser Quadrate entspricht der Größe der Leerkästchen auf den Arbeitsblättern. Arbeitsblätter und Karten werden laminiert.

Ziel:
Kategorienbildung

Benutzung durch die Schüler:
Die Schüler erhalten ein Arbeitsblatt und Kärtchen von verschiedenen Lebensmittelsorten. Sie suchen diejenigen heraus, die zu der vorgegebenen Kategorie gehören.

Differenzierungsmöglichkeiten:

- Schüler, die noch keine Kategorien bilden, erhalten zunächst nur Karten, die der vorgegebenen Kategorie entsprechen
- Das Spiel kann auch als Lotto mit einem Partner (oder auch in einer Kleingruppe gespielt) werden. Hierzu stellt man einen Würfel her, auf dessen Flächen Bilder der verschiedenen Lebensmittelkategorien geklebt werden.

Sonderpädagogische Hinweise:
Das Spielen mit einem Partner oder in der Gruppe fördert zusätzlich soziale Kompetenzen wie Rücksichtnahme, Warten-Können, Abwechseln.

Lebensmittelcollagen

Abb. 36

Materialbeschreibung:
Festes Papier; Lebensmittelprospekte; Karten, auf denen jeweils eine Lebensmittelart abgebildet ist; Schere; Klebestifte

Ziel:
Kategorienbildung

Benutzung durch die Schüler:
Die Schüler erhalten eine Karte mit einer Lebensmittelart. Aus den Prospekten suchen sie weitere Lebensmittel dieser Sorte aus, schneiden sie aus und kleben sie auf das Papier.

Differenzierungsmöglichkeiten:
- Collagen können auch zu anderen Bereichen wie z.B. Pflanzen, Kleidung oder Möbel erstellt werden

Sonderpädagogische Hinweise:
Die Schüler werden in den Bereichen Schneiden und Kleben gefördert.

Einkaufskarten

Abb. 36a

Materialbeschreibung:
Blanko-Memorykarten; Fotos von Lebensmitteln
Auf die Karten wird je ein Foto oder Bild eines Lebensmittels geklebt, evtl. noch mit Folie überziehen.

Ziele:
Je nach Aufgabe: z.B. selbständiger Einkauf; Kennen und Benennen von Lebensmitteln; Kategorienbildung etc.

Benutzung durch die Schüler:
Je nach Aufgabe erstellen die Schüler z.B. mit Hilfe der Karten einen Einkaufszettel für das Frühstück. Mit Hilfe der Karten können dann auch nicht lesende Schüler selbstständig einkaufen. Des Weiteren können die Schüler Zuordnungsspiele zu verschiedenen Kategorien (z.B. Obst, Gemüse, Süßigkeiten, Vollkornprodukte etc.) durchführen.

Differenzierungsmöglichkeiten:
- auch für den Bereich Sprache geeignet: Bild-Wort- oder Bild-Bild-Memory; Erweiterung des Wortschatzes
- im Bereich UMZG: Umgang mit Geld: z.B. Warenwert schätzen, den Preisen die passenden Münzen zuordnen (eher geeignet für ältere Schüler)

Arbeitsblätter zur vollen und halben Stunde

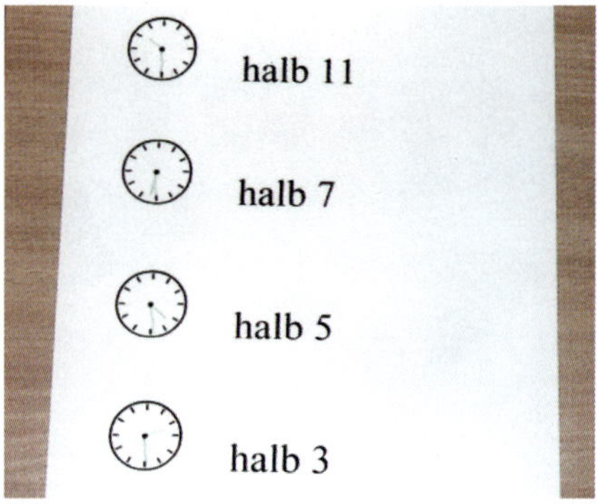

Abb. 37

Materialbeschreibung:
Arbeitsblätter mit Aufgaben, auf denen zu einer geschriebenen Uhrzeit die Uhrzeit auf einer Uhr (ohne Zeiger) aufgezeichnet werden, Lösungsblätter aus transparenter Folie

Ziel:
Erfassen der vollen und halben Stunden

Benutzung durch die Schüler:
Die Schüler zeichnen die entsprechenden Uhrzeiten auf den Uhren auf. Anschließend legen sie das Blatt mit den Lösungen auf ihr Arbeitsblatt und vergleichen, ob ihre Lösungen mit dem Lösungsblatt übereinstimmen.

Sonderpädagogische Hinweise:
Um die Arbeitsblätter besonders in der Überprüfungsphase für die Schüler übersichtlich zu halten, empfiehlt es sich, Arbeitsblätter mit höchstens 4 Aufgaben (senkrecht untereinander angeordnet) zu erstellen.

Anmerkungen:
In den vorhergehenden Kapiteln haben wir bereits den Elektrokasten, das Gummispiel und Postkarten-Lernspiel vorgestellt. Auch diese Freiarbeitsmaterialien eignen sich sehr, um Arbeitsblätter zu einem Uhrenlehrgang einzusetzen. Bei den genannten Materialien sind folgende Zuordnungen möglich:

- geschriebenen Uhrzeit – Uhrzeit auf einer Uhr
- Uhrzeit auf einer Uhr – geschriebene Uhrzeit

Mit Hilfe der Schulfonts-Schriftart „Clocktime“ lassen sich die Arbeitsblätter herstellen.
Beispiel s. nächste Seite.

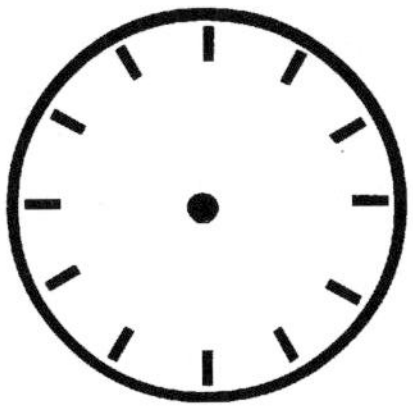

halb 1

halb 12

halb 6

halb 3

3.4 Überblick über die Einsatzmöglichkeiten in den verschiedenen Lernbereichen

Wie bereits in der Einleitung erwähnt, ist uns der Aspekt sehr wichtig, dass die hier vorgestellten Materialien vielfältig in den verschiedenen Lernbereichen einsetzbar sind und auch die unterschiedlichen Leistungsfähigkeiten der Schüler berücksichtigen. Für leistungsschwächere Schüler eignen sich besonders die Materialien, die neben den Bereichen der Form- und Farbwahrnehmung auch für den Bereich der Kategorienbildung einsetzbar sind.
Die im Folgenden aufgeführten Materialien sind sowohl für die Bereiche Pränumerik und UMZG als auch für den Bereich Lesen einsetzbar.

- Formen legen
- Angelspiel
- Zahlen suchen
- 2er-Puzzle
- Sortierkasten
- Steckerkiste
- Postkarten-Lernspiel
- Elektrokasten
- Gummispiel
- Logico
- Fühlsack
- Anklammerkarten
- Anlautwürfel
- Anlautlotto
- Anlautdomino

Fast alle Materialien sind – auch wenn von uns nicht besonders aufgeführt – auch auf den Bereich Sachkunde zu übertragen.

3.5 Überblick über Materialien mit großem Bewegungsanteil

Wie bereits erwähnt ist es für die Schüler wichtig, dass die von ihnen gewählten Aufgaben Bewegungselemente enthalten. Zur Übersicht listen wir die von uns vorgestellten Materialien, die dieses Kriterium berücksichtigen, auf:

- Zuordnungsspiel „vorne – hinten“
- Menge-Zahl-Karten
- Arbeitskarten zur Mengenbildung
- Angelspiel

- Zahlensuchen
- Zahlen schreiben (an der Tafel)
- Dosendiktat
- Buchstaben schreiben (an der Tafel)
- Klammerwörter
- Anlautwürfel
- Anlautdomino

Zudem können auch weitere Materialien (z.B. 2er-Puzzle) so groß hergestellt werden, dass sie auf dem Boden benutzt werden können.

Wir möchten auch darauf hinweisen, dass sich bei den meisten Materialien Bewegungselemente „in kleiner Form“ einbauen lassen, indem die Schüler zunächst nur einen Teil des Materials erhalten und sie sich die weiteren Teile eigenständig von einem gesonderten Aufgabentisch holen müssen.

4. Bauanleitungen

Bauanleitung für das Postkarten-Lernspiel

Benötigte Materialien

- 1 Sperrholzbrett (0,3 cm) 14,5 x 19 cm
- 1 Sperrholzbrett (0,3 cm) 10,5 x 14,9 cm
- 2 Sperrholzstreifen (ca. 0,8 cm) 1,8 x 15 cm
- 2 Sperrholzstreifen (0,8 cm) 1,8 x 14,5 cm
- Holzleim
- evtl. Schleifpapier

Und so wird es gemacht:

Auf das größere Sperrholzbrett aus den Holzstreifen einen Rahmen kleben (Leisten flach auflegen). Dabei werden die kürzeren Streifen auf die kurzen Seiten, die längeren auf die langen Seiten geklebt.
Das kleine Sperrholzbrett dient als Abdeckung (Unterlage für die Lösungen, wenn das fertige Arbeitsblatt herumgedreht wird).

Bauanleitung für die Steckerkiste

Benötigte Materialien

- 1 Hartfaserplatte (0,3 cm) 12,5 x 15,8 cm
- 1 Holzplatte (0,3 cm) 4 x 12,5 cm
- 2 Holzleisten (0,9 cm) 2 x 14,9 cm
- 1 Holzleiste (0,9 cm) 2 x 12,5 cm
- Holzleim
- evtl. Schleifpapier
- 4 Holzdübel (5 mm)
- Bohrer (6 mm)

Und so wird es gemacht:

Auf die große Hartfaserplatte die Leisten hochkant als Rahmen aufkleben. In die kleine Platte 4 Löcher bohren. Diese Platte linksbündig auf den Rahmen kleben.

Bauanleitung für das Gummispiel

Benötigte Materialien

- 1 Sperrholzplatte (0,8 cm) 24 x 35,6 cm
- 2 Sperrholzstreifen (0,8 cm) 1,9 x 22 cm
- 1 Sperrholzstreifen (0,8 cm) 1,9 x 35,6 cm
- 12 Holzdübel (5 mm)
- Bohrer (5 mm)
- Holzleim
- evtl. Schleifpapier
- 6 Gummibänder (3 Farben; je zwei pro Farbe)

Und so wird es gemacht:

Auf die obere lange Kante der Sperrholzplatte flach den langen Sperrholzstreifen kleben. Die beiden kurzen Streifen flach auf die kurzen Kanten kleben.

Den Innenraum des Rahmens in 3 gleichgroße Teile unterteilen (3 senkrechte Streifen mit jeweils 10, 6 cm Breite), dabei mit einem Bleistift Linien ziehen.

Auf diese Linien jeweils 6 Löcher bohren. Das erste Loch wird im Abstand von 3 cm von der oberen inneren Kante des Rahmens gebohrt, die darauffolgenden Löcher jeweils in einem Abstand von 3 cm.

In jedes Loch wird ein Holzdübel geklebt.

5. Fertige, käufliche Materialien

- Logli Hefte: „Lernspielzwerge“: Schreibvorübungen
Bildliche Wahrnehmung
Mal- und Rätselblöcke
Loewe Verlag GmbH, Bindlach (www.loewe-verlag.de); erhältlich im Buchhandel
- Logli Hefte: „Lernspiele“: Zahlenrätsel für den Schulanfang
Buchstabenrätsel für den Schulanfang
Erste Wörter
Loewe-Verlag; erhältlich im Buchhandel
- Raab, D.: Mein dicker Übungsblock: Erstes Schreiben und Lesen. 1. Klasse (auch für Rechnen erhältlich) aus der Reihe: Lernen macht Spaß.
Carlsen Verlag, Hamburg (www.carlsen.de); erhältlich im Buchhandel
- Spiele zum Lernen (1-4 für Vorschulkinder ab 4); Carlsen-Verlag; im Buchhandel erhältlich
- Lesespaß mit den Finken-Minis; Finken-Verlag
- Reinartz, A. und E. (Hrsg.): Frostig-Programm zur visuellen Wahrnehmungsförderung. Schroedel-Schulbuchverlag, Hannover 1974
- Schwungübungen mit Tom; G. Webers Lehrmittel GmbH, Im Hemsack 13 a, 59174 Kamen; Telefon: 02307/ 73571
- Rechenbuch: Mathe von 1 bis 20. Fördermaterialien Mathematik. Dürr + Kessler (Schülerbuch; Arbeitsheft; Lehrerhandbuch)
- Pixibücher: Carlsen-Verlag

CD-Roms:

- Oscar der Ballonfahrer und die Geheimnisse des Waldes:
Tivola-Verlag GmbH
Postfach 025603
10129 Berlin
Telefon: 0180/2848652
www.tivola.de
- Oscar der Ballonfahrer entdeckt den Bauernhof (s.o.)
- Bob der Baumeister:
Bmg Deutschland GmbH
Neumarkter Str. 28
81673 München
- Sesamstrasse: Zahlen:
The learning company, Henson
- Sesamstrasse: Buchstaben (s.o.)

- Janoschs kleine Tigerentenschule (Diogenes): Kinderkram
  Terzio-Verlag
  Schornstr.10
  81669 München
- Klopf an (Terzio-Verlag)
- Eine Woche voller Samstage:
  Verlag F. Oetinger
  Postfach 658220
  22374 Hamburg
  www.oetinger.de
- Etc.

Clipart-Programme:
- Corel Gallery Magic (teuer, aber sehr gut):
  Corel Corporation
  www.corel.com
- TCM Multimedia-Set (8 CDs; Sonderaktion Tchibo):
  Technischer support; support@dtp-ag.com
- Mühlacker Schulschriften: Schul-Fonts:
  Medienwerkstatt Mühlacker Verlagsgesellschaft mbH
  Pappelweg 3
  75417 Mühlacker
  Telefon: 07041/ 83343
  www.Medienwerkstatt-online.de

6. Verlage

- Als-Verlag
  Postfach 1440
  63114 Dietzenbach
  www.als-verlag.de
- Aol-Verlag
  Waldstr. 18
  77839 Lichtenau
  www.aol-verlag.de
- Beenen-Lehrmittel
  Weseler Str. 22a
  46519 Alpen
  www.Beenen-Lehrmittel.de
- Finken-Verlag
  Postfach 1546
  61405 Oberursel
  www.finken.de
- Land of Toys
  Mag. Antony Coloredo-Mannsfeld
  Reith 103
  A-3553 Schiltern
  www.landoftoys.com
- Lehrmittelverlag T. Schmidt
  Jahnstr. 36a
  25358 Horst/Holstein
  www.schmidt-lehrmittel.de
- Lehrmittelservice H. Späth
  Ditzenbacher Str. 26
  73342 Bad Ditzenbach-Auendorf
  www.lms.de
- SCHUBI Lernmedien
  Zeppelinstr. 8
  78244 Gottmadingen
  www.schubi.de
- Verlag für Lehrmittel und pädagogische Spielwaren
  Über: Auer Verlag GmbH
  Postfach 1152
  86601 Donauwörth
  www.vls-verlag.de

- Verlag Sigrid Persen (Bergedorfer)
  Dorfstr. 14
  21640 Horneburg
  www.persen.de
- Verlag an der Ruhr
  Postfach 102251
  45442 Mülheim a.d.Ruhr
  www.verlagruhr.de

Raum für Notizen

Raum für Notizen

Novitäten

Wir bringen Lernen in Bewegung® ...

Dieter Krowatschek / Uta Hengst

Mit dem Zauberteppich unterwegs

Entspannung in Schule, Gruppe und Therapie für Kinder und Jugendliche
◆ Feb. 2006, 352 S., mit Audio-CD (72 Min.), Format 16x23cm, fester Einband, ISBN 3-938187-12-3, Bestell-Nr. 9355, **€ 24,80 bis 31.3.06**, danach € 29,80

Jutta Bläsius

Spiele in Bewegung bringen

Tischspiele als Basis neuer Spiel- und Bewegungsideen
◆ 2005, 124 S., Format 16x23cm, Ringbindung, ISBN 3-8080-0565-3, Bestell-Nr. 1158, € 17,50

Barbara Cárdenas

Pfiffigundes Sprachwelt

Erst-, Zweit- und Schriftspracherwerb vorbereiten, beobachten, fördern
◆ April 2006, ca. 180 S., Format 16x23cm, fester Einband, ISBN 3-938187-00-X, Bestell-Nr. 9350, **€ 21,50 bis 30.6.06**, danach € 23,80

Dietrich Eggert u.a.

Theorie und Praxis der psychomotorischen Förderung

Textband und Arbeitsbuch
◆ **6., verb. u. erweiterte Aufl. 2005**, zusammen 520 S., Format 21x28cm, br + Ringbindung, ISBN 3-86145-283-9, Bestell-Nr. 8526, € 34,80

Dietrich Eggert / Christina Reichenbach

DIAS – Diagnostisches Inventar auditiver Alltagshandlungen

◆ **2., völlig überarb. Aufl. 2005**, 240 S., enthält 1 CD mit Alltagsgeräuschen, fester Einband, ISBN 3-86145-273-1, Bestell-Nr. 8525, € 25,50

Krista Mertens / Ad Verheul u.a.

Snoezelen

Anwendungsfelder in der Praxis
◆ 2005, 288 S., Format 17x24cm, fester Einband, ISBN 3-8080-0577-7, Bestell-Nr. 1225, € 21,50

Krista Mertens / Ute Wasmund-Bodenstedt

10 Minuten Bewegung

◆ **5., verb. u. überarb. Aufl. April 2006**, ca. 160 S., Format 16x23cm, Ringbindung, ISBN 3-8080-0575-0, Bestell-Nr. 1126, € 15,30

Albert Janssens

Entwicklung fördern

Ein Arbeitsbuch für Eltern und Erzieher
◆ 2005, 120 S., Format DIN A5, br, ISBN 3-938187-04-2, Bestell-Nr. 9357, € 15,30

Dorothea Beigel

Beweg dich, Schule!

Eine „Prise Bewegung" im täglichen Unterricht der Klassen 1 bis 10
◆ Nov. 2005, 256 S., in Farbe, Format 16x23 cm, fester Einband, ISBN 3-938187-15-8, Bestell-Nr. 9367, **€ 21,50 bis 31.12.05**, danach € 22,80

Klaus Miedzinski / Klaus Fischer

Die Neue Bewegungsbaustelle

Modell psychomotorischer Förderung – Lernen mit Kopf, Hand, Herz und Fuß
◆ ca. Mai 2006, ca. 280 S., farbige Gest., Format 16x23cm, fester Einband, ISBN 3-938187-09-3, Bestell-Nr. 9352, **€ 22,50 bis 30.6.06**, danach € 24,60

Helmut Köckenberger

Rollbrett, Pedalo und Co.

Bewegungsspiele mit Materialien aus Psychomotorik, Sport und Freizeit
◆ Juni 2006, ca. 200 S., Format 16x23cm, fester Einband, ISBN 3-938187-20-4, Bestell-Nr. 9372, **€ 19,50 bis 31.5.06**, danach € 21,50

Hans Jürgen Beins (Hrsg.)

Kinder lernen in Bewegung

◆ Juli 2006, ca. 140 S., mit Video-DVD (ca. 60 Min.), fester Einband, ISBN 3-938187-24-7, Bestell-Nr. 9370, **€ 22,50 bis 31.8.06**, danach € 25,50

Silke Schönrade / Raya Limbach

Die Abenteuer der kleinen Hexe im Buchstabenland

Ein psychomotorischer Zugang zum Lernen von A-Z
◆ 2005, 208 S., farbige Abb., Format 16x23cm, fester Einband, ISBN 3-86145-276-6, Bestell-Nr. 8336, € 20,40

Martin Vetter / Ulrich Kuhnen / Rudolf Lensing-Conrady

RisKids

Wie Psychomotorik hilft, Risiken zu meistern
◆ ca. Sept. 2006, ca. 250 S., Format 16x23cm, fester Einband, ISBN 3-86145-278-2, Bestell-Nr. 8340, € 22,50

Christina Reichenbach (Hrsg.)

Begegnungen mit Dietrich Eggert

Impulse für Veränderungen
◆ Nov. 2005, 248 S., Format 16x23cm, br, ISBN 3-938187-14-X, Bestell-Nr. 9361, € 19,50

novipsycho 26.10.05

BORGMANN MEDIA

vml verlag modernes lernen borgmann publishing

Hohe Straße 39 • D-44139 Dortmund • Tel. (0231) 12 80 08 • FAX (0231) 12 56 40
Ausführliche Informationen im Internet: www.verlag-modernes-lernen.de